楽しく学べる
한 국 어
韓国語 2

이미현・이정민

この教科書の音源は白水社ホームページ（www.hakusuisha.co.jp/book/ISBN9784560017975.html）からダウンロードすることができます
（お問い合わせ先：text@hakusuisha.co.jp）。

音声ナレーション｜元順暎、朴天弘
イラスト｜瀬川尚之
本文デザイン・装丁｜株式会社アイ・ビーンズ

はじめに

....

　本書『楽しく学べる韓国語 2』は、韓国語初級テキストの『楽しく学べる韓国語』の続編です。初級で学んだハングルの発音や基礎的な知識を基に、より自然な会話を楽しむために日常会話でよく使われる文型や表現を取り入れ、実際の会話に役立つよう努めています。

　本書は全 14 課からなり、90 分の授業で各課を 2 回に分けて学習できるように構成されています。

　各課は以下のような構成になっています。
　　1 頁目：**会話本文**（日本語訳と発音の注を含む）
　　2 頁目：会話本文に出てきた**語彙**やその課の重要表現などの**補足説明**
　　2、3 頁目：**文型1**の解説とその**練習**
　　3、4 頁目：**文型2**の解説とその**練習**
　　5、6 頁目：**応用練習**

　応用練習には、①関連のあるものをつなげる問題　②会話聞き取り問題　③応用会話練習④フレーズで覚えよう、の他に、커피브레이크 コーヒーブレイク（変則活用や注意が必要な発音、使い方がいろいろある表現、など）や知っておくと便利な用語、などが含まれており、楽しく学習でき、実際の会話で活用できるよう工夫しています。

　1 頁目の発音については、『楽しく学べる韓国語』と同様に、〔　　〕に発音どおりのハングルを示し、発音の変化の種類を記しました。また、音声が収録されている部分は 🔊 00 で示されています。音声は、前頁の案内にあるようにダウンロードしてスマホや PC で聞くことができます。ネイティブスピーカーによる自然な発音をたくさん聞いて、口に出して練習するようにしましょう。

　巻末には「付録」として、Ⅰ．連体形のまとめ、Ⅱ．漢字語の覚え方のコツ、Ⅲ．本書に出てくる語尾のタイプ（Ⅰ、Ⅱ、Ⅲ）のまとめ、「単語リスト（韓日・日韓）」を載せました。

　このテキストが皆さんの韓国語のステップアップに大いに役立つことを期待しています。

2020 年 2 月

李美賢・李貞玫

目次

1課 일과 열심히 하고 있어요
―生懸命やっています

この課の目標：【最近はまっていること】について話してみましょう！

韓国に留学中の森守さんと社会人の李民智（イ・ミンジ）さん　

민지：**1** 모리 씨, 요즘 어떻게 지내요?

모리：**2** 태권도를 배우면서 한국어 공부도 열심히

　　　하고 있어요.

민지：**3** 그래요? 정말 잘됐네요.

모리：**4** 민지 누나는 뭐 하면서 지내세요?

민지：**5** 요즘에는 회사에 다니면서 꽃꽂이도 배우고 있어요.

　　　6 참, 지난달에 한 달 동안 파리에 가 있었어요.

모리：**7** 오빠하고 남동생 보러요? 좋았겠네요.

1 森さん、最近どうしていますか。
2 テコンドーを習いながら韓国語の勉強も一生懸命
　やっています。
3 そうですか。本当に良かったです。
4 民智さんは何しながら過ごしていますか。
5 最近は会社に通いながら生け花も習っています。
6 そうだ、先月1か月間パリに行っていました。
7 お兄さんと弟さんに会いにですか。いいですね。

発音

2 태권도 [태꿘도] 濃
3 잘됐네요 [잘됀네요] 鼻
6 한 달 동안 [한달똥안] 濃

6

語彙

- **어떻게 지내요?**：どうしていますか

  より丁寧な言い方は、「어떻게 지내세요? いかがお過ごしですか」

- **태권도**【跆拳道】：テコンドー、テクォンドー

- **배우면서**：習いながら、習っているのに

  匷 배우다 習う

- **열심히**【熱心히】：一生懸命、熱心に

- **하고 있어요**：やっています、しています

  匷 하다 やる、する

- **잘됐네요**：良かったです（ね）

  匷 잘되다　よくはかどる、うまくいく

- **하면서**：しながら、するのに　匷 하다 する

- **다니면서**：通いながら、通っているのに

  匷 다니다 通う、行く

- **꽃꽂이**：生け花

- **배우고 있어요**：習っています

  匷 배우다 習う

- **지난달에**：先月（に）

- **동안**：（時間的に）間、期間

- **가 있었어요**：行っていました　匷 가다 行く

文型1 ● **〜(으)면서**　　　〜(し)ながら、〜のに

🔊 03

- 二つの動作や状況が同時に起こることを表します。
- 母音語幹・ㄹ語幹＋면서 / 子音語幹＋으면서
- 名詞に付く場合は「〜(이)면서」となります。

例） ① 책을 읽으면서 밥을 먹어요.　　本を読みながらご飯を食べます。

　　② 음악을 들으면서* 공부했어요.　　音楽を聴きながら勉強しました。

　　　　　　　　　　　　　　　　　　*듣다 (ㄷ変則) p.11 参照

　　※前文と後文を逆接的につなぐ場合にも用いられます。

　　③ 형제면서 자주 싸워요.　　兄弟でありながら（→兄弟なのに）しょっちゅうケンカします。

　　④ 맛도 없으면서 가격이 너무 비싸요.　　美味しくもないのに値段が高すぎます。

7

練習1	例のように、「〜(으)면서」を用いて、日本語の内容に合うように文を完成させましょう。

例) 길을 묻다 / 찾아가다　　　　　　　道を訊きながら訪ねていきました。

　　→ 길을 물으면서 찾아갔어요.＿＿＿＿＿＿＿＿＿＿＿＿＿＿＿＿

（1）언제나 웃다 / 인사하다　　　　　　いつも笑いながらあいさつします。

　　→ ＿＿＿＿＿＿＿＿＿＿＿＿＿＿＿＿＿＿＿＿＿＿＿＿＿

（2）친구하고 커피를 마시다 / 이야기하다　友達とコーヒーを飲みながらお話しました。

　　→ ＿＿＿＿＿＿＿＿＿＿＿＿＿＿＿＿＿＿＿＿＿＿＿＿＿

（3）얼굴도 예쁘다 / 성격도 좋다　　　　顔もきれいで（ありながら）性格もいいです。

　　→ ＿＿＿＿＿＿＿＿＿＿＿＿＿＿＿＿＿＿＿＿＿＿＿＿＿

（4）아버지는 회사원이다 / 소설가(이)시다　父は会社員でありながら小説家です
　　　　　　　　　　　　　　　　　　　　（←でいらっしゃいます）。

　　→ ＿＿＿＿＿＿＿＿＿＿＿＿＿＿＿＿＿＿＿＿＿＿＿＿＿

（5）나보다 나이도 어리다 / 반말을 하다　私より年下なのにタメ語で話します。

　　→ ＿＿＿＿＿＿＿＿＿＿＿＿＿＿＿＿＿＿＿＿＿＿＿＿＿

（6）알다 / 모르는 척하다　　　　　　　知っていながら知らないふりをしていました。

　　→ ＿＿＿＿＿＿＿＿＿＿＿＿＿＿＿＿＿＿＿＿＿＿＿＿＿

文型2 ● 〜고 있다 　　　　〜(し)ている〈現在進行〉

🔊 04

・動詞の語幹に付きます。
・尊敬形は「〜고 계시다」となります。

例) ① 지금 학교로 가고 있어요.　　　今、学校に向かっています（←行っています）。
　　② 선생님, 지금 뭐 하고 계세요?　先生、今何なさっていますか。

● 〜아/어 있다 　　　　〜(し)ている〈完了状態の持続〉

・動詞の語幹に付きます。「陽母音語幹＋아 있다」、「陰母音語幹＋어 있다」
・尊敬形は「〜아/어 계시다」となります。

例) ① 오빠는 이탈리아에 가 있어요.　兄はイタリアに行っています。
　　② 문이 닫혀 있었어요.　　　　　ドアが閉まっていました。

練習2

1 質問に対して、例のように「～고 있어요」を用いて答えましょう。

Q：지금 뭐 하고 있어요?

例）TV를 보다　　　　TVをみる　　　TV를 보고 있어요.

（1）숙제를 하다　　　宿題をする　　_____

（2）반찬을 만들다　　おかずを作る　_____

（3）열쇠를 찾다　　　鍵を探す　　　_____

（4）일기를 쓰다　　　日記を書く　　_____

（5）친구와 만나다　　友達と会う　　_____

2 例のように、「～고 있어요」を用いて会話してみましょう。

例）뭐 먹다 / 과자　　　　A：뭐 먹고 있어요?　　　　B：과자를 먹고 있어요.

（1）뭐 마시다 / 수정과　　A：_____　　　B：_____

（2）뭐 깎다 / 사과　　　　A：_____　　　B：_____

（3）뭐 하다 / 방 청소　　　A：_____　　　B：_____

（4）어디에 살다 / 지방　　A：_____　　　B：_____

（5）요즘 뭘 배우다 / (自由に答えてみましょう)

　　　A：_____　　　B：_____

3 次の文を「～아/어 있어요」を用いて文を完成させましょう。

（1）의자에 앉다　　　　_____

（2）뒤에 서다　　　　　_____

（3）학생들이 일찍 오다　_____

（4）창문이 열리다　　　_____

（5）가족들이 다 모이다　_____

応用練習

1 例のように、文になるように関連のあるものを線でつないで、言ってみましょう。

例) **용돈이**   ・   ・떨어져 있어요.

（1）꽃이   ・   ・신고 있어요.

（2）구두를   ・   **・조금 남아 있어요.** お小遣いが少し残っています。

（3）그림 액자가   ・   ・예쁘게 피어 있어요.

（4）바지를   ・   ・걸려 있어요.

（5）휴지가   ・   ・소파에 앉아 계세요.

（6）할아버지께서   ・   ・입고 있어요.

*그림 액자 絵の額縁、 휴지 ちり紙、ティッシュ

2 音声を聞いて（　　　　）の中に語句を書き入れて、会話を完成させましょう。　🔊 **05**

진수 : ① 미키 씨, 요즘 어떻게 지내요?

미키 : ② (　　　　　　　　　　) 영어를 (　　　　　　　　　).

　　　③ 진수 씨는 뭐 하면서 지내요?

진수 : ④ 저는 (　　　　　　　　　　) 열심히 취업 준비를 (　　　　　　　).

미키 : ⑤ 바쁘겠네요. 파이팅!

3 次の質問に答えてみましょう。また、隣の人（あるいは先生）と話してみましょう。

（1）요즘 뭐 하면서 지내세요? (「～(으)면서」を用いて答えてみましょう。)

（2）요즘 무슨 책을 읽고 있어요?

（3）～ 씨 집에는 어떤 것들이 있어요? (下記の⬚の中の表現を参照してください。)

　　　例) 테이블 위에는 꽃병이 놓여 있어요.

놓여 있다	置いてある	붙어 있다	貼ってある、付いている
깔려 있다	敷いてある	꽂혀 있다	さしてある、ささっている
걸려 있다	かかっている	달려 있다	（エアコンなどが）取り付けられている

④ 誘われたときに答えるいろいろなフレーズを覚えましょう。 🔊 06

Q：이번 주말에 같이 게임도 하면서 공부할래요?

　　今週末に一緒にゲームもしながら勉強しましょうか。

(YES) ① 네, 좋아요. 그렇게 해요.　　はい、いいですね。そうしましょう。

　　　 ② 그거 좋네요.　　　　　　　それいいですね。

(NO)　① 미안해요. 이번 주말에는 선약이 있어요.　　ごめんなさい。今週末は先約があります。

　　　 ② 그러고 싶지만… 이번 주말에는 좀…　　　そうしたいのですが、今週末はちょっと…

(曖昧) ① 어떻게 할까…　　　　　どうしようかな…

　　　 ② 가고는 싶은데, 음…　　　行きたいのだけど、うーん…

커피
브레이크

ㄷ 変則活用

（１）語幹末がパッチムㄷ(디귿)の動詞の一部

　例） 걷다 歩く、묻다 尋ねる、듣다 聞く・聴く・効く、싣다 乗せる・載せる、깨닫다 悟る 等

　★ 語幹末がパッチムㄷのほとんどの用言は、規則的な活用をします。

　例） 받다 もらう、닫다 閉める、믿다 信じる、얻다 得る、묻다 埋める、쏟다 こぼす 等

（２）活用の特徴

　母音で始まる語尾（으~ , 아/어~）が付くと、「ㄷ」が「ㄹ」に変わります。

　★「ㄷ変則」の用言に「아/어語尾」が付くと、「ㄹ語幹の用言」と同じ綴りになるので、
　どちらの意味かは文脈から判断しましょう。

　例） 듣다 聞く／들다 持つ　→　들어요「聞きます」、「持ちます」

　　　 걷다 歩く／걸다 かける　→　걸어요「歩きます」、「かけます」

語尾のタイプ 基本形	子音語尾（Ⅰ） ~고	으語尾（Ⅱ） ~(으)면서	아/어語尾（Ⅲ） ~아/어요
例）듣다　聞く	듣고	들으면서	들어요
（１）걷다　歩く			
（２）묻다　尋ねる、訊く			
（３）깨닫다　悟る			
（４）받다　もらう 　　　（規則活用）	받고	받으면서	받아요

　例） 친구하고 걸으면서 이야기했어요.　友達と歩きながら話しました。

친구가 가르쳐 줘서 알게 됐어요

友達が教えてくれて知るようになりました

この課の目標：【理由】を言ってみましょう！

민지 : 1 이 도서관은 어떻게 알게 됐어요? 🔊 07

모리 : 2 친구가 가르쳐 줘서 알게 됐어요.

민지 : 3 여기에는 자주 와요?

모리 : 4 네, 집도 가깝고 책도 많아서 자주 오게 돼요.

민지 : 5 여기 구내식당은 어때요?

모리 : 6 맛있고 값도 싸서 점심시간이 되면 많이 붐벼요.

---

1 この図書館はどうやって知るようになりましたか。
2 友達が教えてくれて知るようになりました。
3 ここには良く来ますか。
4 はい、家も近いし、本も多いので良く来ます（←来るようになります）。
5 ここの図書館内の食堂（←構内食堂）はどうですか。
6 おいしくて値段も安いので、お昼の時間になるととても混みます。

語彙

- **도서관**【図書館】：図書館
- **가르쳐 줘서**：教えてくれて
  「가르쳐 주다 教えてくれる」
- **알게 됐어요**：知るようになりました
  （基）알다 知る、分かる
- **가깝고**：近いし、近くて
  （基）가깝다 近い
- **많아서**：多いので、多いから、多くて
  （基）많다 多い
- **오게 돼요**：来るようになります
  （基）오다 来る

- **구내식당**【構内食堂】：（学校や会社、駅など
  の中にある）食堂
- **싸서**：安いので、安いから、安くて
  （基）싸다 安い
- **점심시간이 되면**：お昼の時間になると
  「점심시간【點心時間】お昼の時間」
  「名詞＋가／이 되다　～になる」
- **붐벼요**：混みます　（基）붐비다 混む

文型1 ● ～아/어서　～（な）ので、～（だ）から、～（し）て

🔊 08

- 陽母音語幹 ＋ 아서 / 陰母音語幹　＋ 어서
- 名詞に付く場合：
  「～이다　～だ」→　直前の文字にパッチム無＋여서、パッチム有＋이어서
  「～가／이 아니다　～ではない」→「～가／이 아니어서」
  ※会話においては、「～여서/이어서」は「～라서/이라서」、
  「～가/이 아니어서」は「～가/이 아니라서」と言うこともあります。

（1）原因や理由を表します。命令文や勧誘文には用いられません。

例） ① 비가 와서 조금 시원해요.　　　雨が降ったので少し涼しいです。

② 늦어서 죄송합니다.　　　　　　遅れてすみません。

③ 방학이어서（＝방학이라서）시간이 많아요.

（学校の長期）休みなので時間がたくさんあります。

（2）先行動作「～して（から）」を表します。

この場合、前後の主語は一致しなければなりません。

例） ① 도서관에 가서 공부했어요.　　図書館に行って勉強しました。

② 만나서 얘기해요.　　　　　　会って話しましょう。

13

① 例のように、原因・理由を表す「～아/어서」を用いて、文を完成させましょう。

例）**길이 막히다** 道が混む / **늦었어요** 遅れました　→　길이 막혀서 늦었어요.

（1）색깔이 화려하다 / 마음에 안 들었어요.　→　_____

（2）맛있다 / 너무 많이 먹었어요.　→　_____

（3）여기 사람이 아니다 / 잘 모르겠어요.　→　_____

② 例のように、先行動作を表す「～아/어서」を用いて、文を完成させましょう。

例）**다음 역에서 내리다** 次の駅で降りる / **갈아타세요** 乗り換えてください

→　다음 역에서 내려서 갈아타세요.

（1）서점에 가다 / 책을 샀어요.　→　_____

（2）간장에 찍다 醤油につける / 먹어 봐요.　→　_____

（3）상추에 싸다 サンチュに包む / 먹으면 맛있어요.　→　_____

커피
브레이크

으変則活用

・語幹が母音「ㅡ」で終わる用言の大部分。

・「아/어」で始まる語尾がつくとき、変則（母音「ㅡ」が脱落する）を起こします。この時、語幹「ㅡ」の前の母音が、陽母音なら「아」、陰母音なら「어」が付きます。なお、語幹が1音節の場合は、必ず陰母音扱いをして「어」が付きます。

語尾のタイプ 基本形	子音語尾（Ⅰ） ～고	으語尾（Ⅱ） ～(으)면	아/어語尾（Ⅲ） ～아/어서
例）아프다　痛い	아프고	아프면	아파서
（1）기쁘다　嬉しい			
（2）크다　大きい	크고	크면	커서
（3）바쁘다　忙しい			
（4）쓰다　書く、使う、苦い			
（5）들르다　寄る			

例) 너무 기뻐서 눈물이 났어요.　あまりにも嬉しくて涙が出ました。

14

文型2 ● ～게 되다 ~ことになる、～ようになる、～くなる

◀) 09

・ものごとがそのように運ばれることを表します。
・主に動詞の語幹に付きます。

例) ① 다음 달에 전근을 가게 됐어요.　　　来月、転勤をすることになりました。

② 그 두 사람은 친구 소개로 만나게 됐어요.

　　　　　その二人は友達の紹介で出会いました（←出会うようになりました）。

③ 헬스클럽에는 잘 안 가게 돼요.　　　ジムにはあまり行かなくなります。

④ 경기가 안 좋아서 보너스를 못 받게 될 거예요.

　　　　　景気が悪くてボーナスがもらえなくなると思います。

練習2　例のように、「～게 되다」を用いて、日本語の内容になるように文を完成させましょう。

例) **열심히 연습하면 잘하다** → **열심히 연습하면 잘하게 될 거예요.**

一生懸命練習すれば上手になると思います。

（1）설명을 들으면 알다　　　→

説明を聞けば分かるようになると思います。

（2）중요한 일을 제가 맡다　　→

重要な仕事を私が引き受けるようになりました。

（3）이사하다 / 연락 주세요　→

引っ越すことになったら連絡ください。

（4）한글을 읽을 수 있다　　　→

ハングルを読めるようになりました。

（5）그때부터 좋아하다　　　→

あの時から好きになりました。

1 例のように、下線部の用言を「~아/어서」の文型にして、右側の選択肢と線でつなげましょう。

例) 서점에 들르다 (들러서)・　　　　　・약을 먹었어요.

(1) 배가 고프다 (　　　)・　　　　　・이번에는 못 가게 됐어요.

(2) 리포트를 쓰다 (　　　)・　　　　　・**잡지를 샀어요.** 書店に寄って雑誌を買いました。

(3) 너무 바쁘다 (　　　)・　　　　　・이것저것 많이 사게 됐어요.

(4) 머리가 아프다 (　　　)・　　　　　・아무것도 안 보여요.

(5) 불을 끄다 (　　　)・　　　　　・제출했어요.

2 音声を聞いて（　　　　　）の中に語句を書き入れて、会話を完成させましょう。　🔊 10

진수 : ① 한국에는 어떻게 유학 (　　　　　　　　　)?

미키 : ② 한국 역사에 관심이 (　　　　　　　　) 요.

진수 : ③ 한국 역사에 대해서 많이 (　　　　　　　　)?

미키 : ④ 네. 내일은 경주에 (　　　　　　) 신라의 역사에 대해서 알아볼 거예요.

진수 : ⑤ 좋은 자료를 (　　　　　　　　) 사진 (　　　　　　　) 보내 주세요.

3 次の質問に答えてみましょう。また、隣の人（あるいは先生）と話してみましょう。

(1) A : 휴일은 어떻게 보냈어요? (「~아/어서」を用いて答えてみましょう。)

　　B : 例) 친구가 놀러 와서 같이 찜질방에 갔어요.

(2) A : 한국어 공부는 왜 하게 됐어요? (「~게 되다」を用いて答えてみましょう。)

　　B : 例) 한국 드라마를 자막 없이 보고 싶어서 공부하게 됐어요.

(3) A : (친구)를/을 만나서 뭐 했어요? (「~아/어서」を用いて答えてみましょう。)

　　B : 例) DVD를 빌려서 집에서 같이 봤어요.

④ 予定が変更になって謝るフレーズを覚えましょう。 🔊 11

・갑자기 볼일이 생겨서 못 가게 됐어요.　　　急用ができて行けなくなりました。

・못 가게 돼서 죄송합니다.　　　　　　　　行けなくなって申し訳ありません。

・죄송해서 어쩌죠.　　　　　　　　　　　　どうしましょう。申し訳ありません。

※ 知っておくと便利な用語 ※

調理法：	~튀김 ~揚げ	~조림 ~煮(物)	~무침 ~和え(物)	~구이 ~焼き
	~찜 ~蒸し	~덮밥 ~丼	~절임 ~漬け(物)	~찌개 ~チゲ
食べ方：	뿌리다 / 치다 (ふり)かける		찍다 つける	
	바르다 ぬる	얹다 のせる	넣다 入れる	

例) ① 야채튀김은 소금에 찍어서 먹어도 맛있어요.
　　　野菜の天ぷらは塩につけて食べてもおいしいです。

　　② 고등어조림은 생강을 넣어서 만들면 비린내가 안 나요.
　　　さばの煮付けはショウガを入れて作ると生臭くありません。

　　③ 생선구이는 간장을 뿌려서 드세요.
　　　焼き魚（←魚焼き）は醤油をかけて召し上がってください。

한글 서도 전시회를 여는 것 같아요

ハングルの書道展示会を開くようです

この課の目標：【推測】について話してみましょう！

지인（知人）と모리（森）さんの会話　　🔊 12

지인 : **1** 다음 주부터 한글 서도 전시회를 여는 것 같아요.

모리 : **2** 한글로도 서도를 해요?

지인 : **3** 네, 물론이죠.

모리 : **4** 그럼 가로쓰기랑 세로쓰기도 있어요?

지인 : **5** 네, 있어요.

　　　6 참, 전시회는 대학교 안에 있는 미술관에서 해요.

모리 : **7** 언제까지 해요?

지인 : **8** 이번 달 말까지 하는 것 같았어요.

---

1 来週からハングルの書道展示会を開くようです。
2 ハングルでも書道をしますか。
3 はい、もちろんですよ。
4 それでは、横書きや縦書きもあるんですか。
5 はい、あります。
6 そうだ、展示会は大学の中にある美術館で開かれます（←やります）。
7 いつまでやりますか。
8 今月の末までやるようでした。

発音

1 다음 주 [다음쭈] 濃
6 있는 [인는] 鼻

18

- **서도**【書道】：書道　서예【書藝】とも言う。
- **전시회**【展示会】：展示会
- **여는 것 같아요**：開くようです
  - ⓫ 열다 開く
- **〜로도**：〜でも〈助詞〉
  - パッチム無・ㄹパッチムの名詞に付く。
  - パッチム有の名詞には「〜으로도」が付く。

- **가로쓰기**：横書き
- **세로쓰기**：縦書き
- **미술관**【美術館】：美術館
- **있는**：ある〜、いる〜
  - 「있다 ある、いる」の現在連体形
- **하는 것 같았어요**：やるようでした
  - ⓫ 하다 する、やる

文型1 ● 〜는 + 名詞など

〜(す)る〜、〜(し)ている〜
〈動詞・存在詞の現在連体形〉

🔊 13

- 名詞などを修飾して、一般的な事実、反復的なもの、現在進行中の動作や習慣などを表します。
- 動詞（ㄹ語幹の動詞はㄹが脱落）・存在詞の語幹に付きます。

例）
① 사는 데가 어디예요?　　　　　住んでいる所はどこですか。
② 이따가 쉬는 시간에 만나요.　　後ほど休み時間に会いましょう。
③ 지금 음악을 듣고 있는 중이에요.　今、音楽を聴いている最中です。
④ 리무진 타는 곳이 어디예요?　　リムジンバスの乗り場はどこですか。

※「〜있다/〜없다」の付く形容詞（例:맛있다 おいしい、재미없다 面白くない、など）
　は、存在詞と同じ活用をしますので、気をつけましょう。
⑤ 정말로 맛있는 김치예요.　　　本当においしいキムチです。

19

練習1

① 例のように、下線部を現在連体形にしてみましょう。

例) 저기 있다 / 사람　　→ 저기 있는 사람　　　あそこにいる人

（1）가장 좋아하다 / 가수　→ 가장 ＿＿＿＿＿＿ 가수　もっとも好きな歌手

（2）진짜 멋있다 / 배우　→ 진짜 ＿＿＿＿＿＿ 배우　本当に素敵な俳優

（3）제일 잘 만들다 / 요리　→ 제일 잘 ＿＿＿＿＿＿ 요리　一番上手に作（れ）る料理

（4）제가 다니다 / 헬스　→ 제가 ＿＿＿＿＿＿ 헬스　私が通っているジム

（5）쓰지 않다 / 물건　→ ＿＿＿＿＿＿ 물건　使わない物

（6）잊을 수 없다 / 추억　→ ＿＿＿＿＿＿ 추억　忘れられない思い出

② 例のように、下線部を現在連体形にして文を完成し、訳してみましょう。

例) 이번 달에는 놀다 / 날이 많아요.　　　　　　　　　　＊놀다 遊ぶ・休む

　　→ 이번 달에는 노는 날이 많아요.　　今月は休みの日が多いです。

（1）재미있다 / 시간 보내세요.

　　→ ＿＿＿＿＿＿＿＿＿＿＿＿＿＿＿＿＿＿＿＿＿＿＿＿＿＿＿

（2）필요없다 / 건 (=것은) 버리세요.

　　→ ＿＿＿＿＿＿＿＿＿＿＿＿＿＿＿＿＿＿＿＿＿＿＿＿＿＿＿

（3）밖에 서 있다 / 사람은 모르다 / 사람이에요.

　　→ ＿＿＿＿＿＿＿＿＿＿＿＿＿＿＿＿＿＿＿＿＿＿＿＿＿＿＿

（4）자주 가다 / 가게가 오늘은 정기 휴일이에요.　　　　　　＊정기 휴일 定休日

　　→ ＿＿＿＿＿＿＿＿＿＿＿＿＿＿＿＿＿＿＿＿＿＿＿＿＿＿＿

（5）이 약은 바르다 / 약이에요.　　　　　　　　　　　　　　＊바르다 ぬる

　　→ ＿＿＿＿＿＿＿＿＿＿＿＿＿＿＿＿＿＿＿＿＿＿＿＿＿＿＿

（6）설레다 / 마음으로 하루를 보내요.　　　　　　　　　　　＊설레다 ときめく

　　→ ＿＿＿＿＿＿＿＿＿＿＿＿＿＿＿＿＿＿＿＿＿＿＿＿＿＿＿

文型2 ● ～ 것 같다　　～ようだ、～みたいだ、～と思う

🔊 14

・用言の連体形に付いて、客観的な推測を表します。

例) ① 비가 오는 것 같아요.　　　　　雨が降っているようです。

② 그 영화는 재미있는 것 같습니다.　その映画は面白いと思います（/ようです）。

③ 친구하고 이야기하는 것 같았어요.　友達と話しているようでした。

④ 알고 있는 것 같아서 말 안 했어요.　知っているようだったので言いませんでした。

※「～ 것 같아요」は、会話において것은 거、같아요は같애요と言うこともあります。

練習2

1 例のように、「～는 것 같다」を用いて、日本語の内容に合うように文を完成させましょう。

例) 비가 오다 → 비가 오는 것 같았어요.
　　　　　　　　　　雨が降っているようでした。

（1）제 여동생은 독서를 많이 하다

　　→ _____

　　　私の妹は読書をたくさんしていると思います。

（2）아까 보니까 누군가를 만나다

　　→ _____

　　　先ほど見たら誰かに会っているようでした。

（3）멋 부리는 것을 좋아하다　　　　　　　　　　　　　　*멋 부리다 おしゃれをする

　　→ _____

　　　おしゃれをすることが好きみたいです。

（4）그 유학생도 이 수업을 듣다

　　→ _____

　　　あの留学生もこの授業をとって（←聞いて）いるようでした。

（5）우리 할머니께서는 일찍 주무시다

　　→ _____

　　　うちの祖母は早く寝る（←お休みになる）ようです。

② 例のように、「〜는 것 같다」の文型で、（　　　）の中の表現を用いて文をつなげてみましょう。

例）관심이 있다 / 소개했어요. → (〜아/어서)

→ **관심이 있는 것 같아서 소개했어요.**

　　　関心があるようだったので（←ようなので）紹介しました。

（1）저 영화 재미있다 / 같이 보러 가요. → (〜(으)니까)

→ _____

　　　あの映画、面白いと思うので一緒に見に行きましょう。

（2）자고 있다 / 그렇지 않아요. → (〜지만)

→ _____

　　　寝ているようだけれど、そうではありません。

（3）먹어 보고 맛있다 / 사 가지고 오세요. → (〜(으)면)

→ _____

　　　食べてみておいしいようであれば、買ってきてください。

応用練習

① 例のように、文になるように関連のあるものを線でつないで、言ってみましょう。

例）맛있으니까　　　　•　　　　•멋있는 것 같아요.

（1）웃는 모습이　　　　•　　　　•별로 없는 것 같아요.

（2）노래방에 가는 것을　•　　　　•**인기가 있는 것 같아요.**

（3）꽃 피는 봄을　　　　•　　　　•기다리는 것 같아요.

（4）떠드는 학생이　　　　•　　　　•좋아하는 것 같아요.

② 音声を聞いて（　　）の中に語句を書き入れて、会話を完成させましょう。　🔊 15

진수 : ① 가까이에 (　　　　　　) 영화관에서 한국 영화를 (　　　　　　　　　).

미키 : ② 진짜요? 어떤 내용이에요?

진수 : ③ 로맨틱 코미디 같아요.

　　　　④ 인기 (　　　　　) 배우가 (　　　　　　　　　　　).

③ 例のように、示された職業について現在連体形を用いて説明してみましょう。

例) 요리사 (요리하다) → 레스토랑에서 요리하는 사람　　レストランで料理する人

（1）소방관 (끄다)　　→　_____

（2）의사　 (고치다)　→　_____

（3）화가　 (그리다)　→　_____

④ 次の質問に答えてみましょう。また、隣の人（あるいは先生）と話してみましょう。

（1）자주 먹는 음식이 뭐예요?

（2）잘하는 (/즐겨 하는) 스포츠가 있어요?　　　　＊잘하는 得意な、즐겨 하는 好んでよくする〜

（3）좋아하는 (/아는) 가수나 배우가 있어요?

⑤ 趣味についてのやりとりをフレーズで覚えましょう。　　　　🔊 16

Q：취미가 뭐예요?┬ A 1：한국 드라마를 보는 거예요.

　　　　　　　　├ A 2：음악을 듣는 거예요.

　　　　　　　　├ A 3：운동을 (/ 독서를 / 쇼핑을) 하는 거예요.

　　　　　　　　└ A 4：요리를 만드는 거예요.

現在連体形「〜는」と鼻音化　　🔊 17

★ 終声 [k、t、p] → [ㅇ [ŋ]、ㄴ [n]、ㅁ [m]]

k → ㅇ [ŋ]	먹다 食べる	잘 먹는 것　よく食べるもの [멍]
	읽다 読む	요즘 읽는 책　最近読んでいる本 [잉]
t → ㄴ [n]	듣다 聞く	잘 듣는 음악　よく聞く音楽 [든]
	재미있다 面白い	재미있는 영화　面白い映画 [인]
p → ㅁ [m]	입다 着る	자주 입는 옷　よく着る服 [임]
	필요없다 要らない	필요없는 물건　要らない物 [엄]

23

아주 유명한 가게를 알고 있거든요

とても有名な店を知っているんですよ

この課の目標：【意外だったこと】について話してみましょう！

バイト先のコンビニの同僚と森さんとの会話　🔊 18

동료 : 1 모리 씨, 오늘같이 더운 날은 뭐가 먹고 싶어요?

모리 : 2 이런 날은 가키고리가 생각나요.

동료 : 3 가키고리요? 그게 뭐예요?

모리 : 4 한국의 팥빙수하고 비슷한 거예요.

동료 : 5 일본에도 팥빙수 같은 게 있는 줄 몰랐어요.

6 그럼, 우리 지금 팥빙수 먹으러 갈래요?

7 제가 아주 유명한 가게를 알고 있거든요.

1 森さん、今日のように暑い日は何が食べたいですか。
2 こういう日はかき氷を思い出します。
3 かき氷ですか。それは何ですか。
4 韓国のパッピンスと似ているものです。
5 日本にもパッピンスのようなものがあるとは知りませんでした。
6 では、今からパッピンス食べに行きましょうか。
7 （私が）とても有名な店を知っているんですよ。

発音

4 비슷한 거예요
[비스탄거에요] 激

語彙

• **~같이**：～のように、～のごとく〈助詞〉	• **팥빙수**：パッピンス、小豆のかき氷
• **더운**：暑い～ [ㅂ変則]	• **같은**：ような～、同じ～
「덥다 暑い」の現在連体形	「같다 同じだ、等しい」の現在連体形
• **이런 날**：こういう日、このような日	• **있는 줄 몰랐어요**：あるとは知りませんでした
• **가키고리**：「かき氷」のハングル表記	基 있다 ある、いる
• **생각나요**：思い出します	• **유명한**：有名な～
基 생각나다 思い出す、考えつく	「유명하다 有名だ」の現在連体形

文型1 ● ～(으)ㄴ＋ 名詞など 🔊 19

～い～、～な～、～である～〈形容詞・指定詞の現在連体形〉

> ・形容詞の母音語幹・ㄹ語幹（ㄹ脱落）＋ㄴ / 子音語幹＋은
> ・名詞に付く指定詞の場合：이다 → 인、아니다 → 아닌

例) ① 큰 가방이 좋아요. 　　　　　　大きいカバンがいいです。
　　② 이건 싸고 좋은 물건이에요. 　　これは安くていい品物です。
　　③ 단 음식을 좋아하는 것 같아요. 　甘い食べ物が好きみたいです。
　　④ 간호사인 친구는 매일 바쁜 것 같아요. 看護師である友達は毎日忙しいようです。
　　⑤ 오늘이 아닌 거 같아요. 　　　　今日ではないようです。

練習1

1 例のように、下線部を現在連体形にしてみましょう。

例) 제일 친하다 / 친구　→　제일 <u>친한</u> / 친구　一番親しい友達

（1）<u>작다</u> / 인형　　　　　　　→　＿＿＿＿＿＿ 인형　　　　小さい人形

（2）사람들이 <u>많지 않다</u> / 장소　→　사람들이 ＿＿＿＿＿＿ 장소　人々の多くない場所

（3）마음이 <u>따뜻하다</u> / 후배　→　마음이 ＿＿＿＿＿＿ 후배　心の温かい後輩

（4）<u>국산이 아니다</u> / 소고기　→　＿＿＿＿＿＿ 소고기　　国産ではない牛肉

2 例のように、下線部を現在連体形にして文を完成させ、訳してみましょう。

例) 이 가게는 조용하다 / 편이에요.

→ 이 가게는 조용한 편이에요.　この店は静かなほうです。

(1) 바쁘다 / 나날을 보내고 있어요.　　　　　　　　　　　　　　*나날 日々

→ _____

(2) 늦다 / 시간보다 이르다 / 시간이 더 좋겠어요.　　　　　　*이르다 早い

→ _____

(3) 날씨가 쌀쌀하니까 길다 / 소매를 입으세요.　　　　　　　*쌀쌀하다 肌寒い

→ _____

(4) 적극적이다 / 사람이 필요해요.　　　　　　　　　　　　*적극적 積極的

→ _____

ㅂ変則活用

(1) 語幹末がパッチムㅂ(비읍) の用言の多く

★形容詞は「좁다 狭い」と「곱다 かじかむ」を除くすべて。

★動詞の「입다 着る、뽑다 選ぶ・抜く、잡다 取る、씹다 噛む、접다 折る　等」は規則です。

(2) 母音で始まる語尾が付く際、ㅂが脱落しながら「으~→우~」、「아/어~→워~」と変
わります。

★ただし、形容詞の「곱다 きれいだ」と動詞の「돕다 手伝う」は、아/어で始まる語尾
が付く際、「워~」ではなくて「와~」に変わります。

例) 돕다 手伝う：도우면 手伝えば、도와서 手伝って、도왔어요 手伝いました　等

語尾のタイプ 基本形	子音語尾（Ⅰ） ~고	으語尾（Ⅱ） ~(으)면	아/어語尾（Ⅲ） ~아/어서
例) 덥다 暑い	덥고	더우면	더워서
(1) 고맙다　ありがたい			
(2) 굽다　焼く			
(3) 곱다　きれいだ			
(4) 입다　着る（規則活用）	입고	입으면	입어서

例) 고맙고 고마운 친구　とてもお世話になっている（←ありがたくてありがたい）友人

文型2

● ～ 줄 알았다   ～と思っていた、～と思った

● ～ 줄(은) 몰랐다   ～と(は)知らなかった、
　　　　　　　　　　　　　 ～と(は)思わなかった

🔊 20

・用言の連体形に付きます。

例) ① 다 같이 가는 줄 알았어요.　　みんな一緒に行くと思っていました。

　　② 이렇게 맛있는 줄(은) 몰랐어요.　こんなに美味しいとは知りませんでした。

　　③ 키가 저렇게 큰 줄(은) 몰랐어요.　身長があんなに高いとは知りませんでした。

　　④ 그냥 소문인 줄 알았어요.　　ただの噂だと思っていました。

　　⑤ 학생이 아닌 줄 알았어요.　　学生ではないと思っていました。

練習2

1 例のように、「～ 줄 알았다 / ～ 줄(은) 몰랐다」の文型にして、訳してみましょう。

　　例) 오다　　　　　→　　오는 줄 알았어요.　来ると思っていました。

　　　　　　　　　　　　　　오는 줄 몰랐어요.　来るとは知りませんでした。

　　(1) 좋다　　　　→ _____

　　　　　　　　　　　　_____

　　(2) 춥다 寒い　　 → _____

　　　　　　　　　　　　_____

　　(3) 싫어하다　　 → _____

　　　　　　　　　　　　_____

　　(4) 있다　　　　→ _____

　　　　　　　　　　　　_____

　　(5) 한국 사람이다 → _____

　　　　　　　　　　　　_____

2 例のように、「～ 줄 알았다 / ～ 줄(은) 몰랐다」を用いて、日本語に合うように文を完成させましょう。

例) 한국어가 이렇게 재미있다 → <u>한국어가 이렇게 재미있는 줄 몰랐어요.</u>

韓国語がこんなに面白いとは知りませんでした。

（1）김치는 다 맵다 → _____

キムチはすべて辛いと思っていました。

（2）오늘이 생일이다 → _____

今日が誕生日だとは知りませんでした。

（3）역에서 가깝다 → _____

駅から近いと思っていました。

（4）비가 내리다 → _____

雨が降っているとは知りませんでした。

応用練習

1 例のように、（　　　）の用言を適切な形にして下線部に入れて、関連のある内容をつなげましょう。

例) **이렇게까지 유명한** ・　　　・ 학교에 _____ 줄 몰랐어요. (다니다)

（1）한국 뉴스를 ・　　　・ 이렇게 _____ 줄 몰랐어요. (많다)

（2）아르바이트를 하면서 ・　　　・ **가게인 줄 몰랐어요. (가게이다)**

（3）자원봉사자가 ・　　　・ _____ 줄 알았어요. (가볍다)

（4）가방이 작아서 ・　　　・ 매일 _____ 줄 몰랐어요. (보다)

2 音声を聞いて、（　　　）の中に語句を書き入れて、会話を完成させましょう。　🔊 21

진수：① 오늘같이 기분 (　　　　　　　　) 날에는 뭐 하고 싶어요?

미키：② (　　　　　　　　) 가게에서 맛있는 요리를 먹고 싶어요.

진수：③ 특별히 (　　　　　　　　) 게 있어요?

미키：④ 피자, 파스타 (　　　　　　　　) 게 먹고 싶어요.

*근사하다 素敵だ

28

3 ⬚ の中の語句を用いて、例のように自分や周りの人の性格について話してみましょう。

例)┌A:(남동생)는/은 어떤 성격 (/사람) 이에요?　（弟）はどんな性格（/人）ですか。
　　└B1:(적극적인) 편이에요. / B2:(적극적이면서 밝은) 편이에요.
　　　　　（積極的な）ほうです。　　　　　　　（積極的でありながら明るい）ほうです。

```
• 적극적이다　　• 소극적이다　　• 내성적이다　　• 외향적이다　　• 활동적이다
  積極的である　　消極的である　　内向的である　　外向的である　　活動的である

• 밝다　　　　　• 꼼꼼하다　　　• 침착하다　　　• 부드럽다
  明るい　　　　　几帳面だ　　　　落ち着いている　優しい

• 자상하다　　　　　• 얌전하다　　　• 속이 좁다　　　• 어둡지 않다
  気配りがあって優しい　おとなしい　　　心が狭い　　　　暗くない
```

4 ⬚ 好きな味についてのフレーズを覚えましょう。　　　　　🔊 22

Q : 어떤 맛을 좋아해요?　　どんな味が好きですか。

A : 저는 단맛, 짠맛 그리고 매운맛을 좋아해요.
　　私は甘い味、しょっぱい味、そして辛い味が好きです。

```
　　　　　　　　　　　　味のいろいろ

단맛 甘い味　　　　짠맛 しょっぱい味　　　매운맛 辛い味　　　　쓴맛 苦い味
신맛 酸っぱい味　　　상큼한 맛 さっぱりした味　　담백한 맛 淡泊な味
싱거운 맛 薄い味　　고소한 맛 香ばしい味　　　떫은맛 渋い味
```

팥빙수 먹어 본 적이 있어요?

パッピンス食べたことがありますか

この課の目標：【経験】について話してみましょう！

パッピンスのお店で　　　　　　　　　　　　　　🔊 23

동료 : ① 아, 저거 우리가 시킨 팥빙수 아니에요?

모리 : ② 맞아요. 팥빙수 나왔다! 맛있겠다!

　　　 ③ 먼저 사진 좀 찍을게요.

동료 : ④ 나는 먼저 먹을게요.

　　　 ⑤ 모리 씨, 찍은 사진 나중에 보내 줘요.

　　　 ⑥ 근데 이렇게 맛있는 팥빙수 먹어 본 적이 있어요?

모리 : ⑦ 아뇨, 못 먹어 봤어요.

　　　 ⑧ 입 안에서 살살 녹는 느낌이에요.

---

① ああ、あれ、私たちが注文したパッピンスじゃないですか？
② そうですね。パッピンス来た（←出てきた）！おいしそうだ！
③ まず写真からちょっと撮りますね。
④ 私は先に食べます（ね）。
⑤ 森さん、撮った写真、後で送ってくださいね。
⑥ ところで、こんなにおいしいパッピンス食べたことがありま
　 すか。
⑦ いいえ、食べたことありません。
⑧ 口の中でスッととろける感じです（ね）。

発音

⑦ 못 먹어 봤어요
　 [몬머거봐써요] 鼻

⑧ 녹는 [농는] 鼻

語彙

- **시킨**：注文した〜、頼んだ〜
  「시키다 注文する」の過去連体形
- **나왔다**：出てきた
  (基) 나오다 出てくる
- **맛있겠다**：おいしそうだ
  (基) 맛있다 おいしい
  「〜겠다 〜(し)そうだ」
- **찍은**：撮った〜　「찍다 撮る」の過去連体形
- **보내 줘요**：送ってください(ね)
  「보내 주다 送ってくれる」
- **이렇게**：こんなに、このように

- **맛있는**：おいしい〜
  「맛있다 おいしい」の現在連体形
- **먹어 본 적이 있어요?**：食べたことがありますか
  (基) 먹다 食べる
- **못 먹어 봤어요**：食べたことありません
  「못 〜아/어 봤어요 〜(し)たこと(が)ありません」
- **살살 녹는**：スッととろける〜
  「살살 녹다 スッととろける」の現在連体形
- **느낌**：感じ、感じること
  「느끼다 感じる」の名詞形

文型1 ● 〜(으)ㄴ＋ 名詞など

〜(し)た〜
〈動詞の過去連体形〉

🔊 24

- 動詞の語幹に付きます。
- 母音語幹・ㄹ語幹（ㄹ脱落）＋ㄴ / 子音語幹＋은

例) ① 어제 간 식당은 분위기가 좋았어요.　昨日行った食堂は雰囲気が良かったです。
　　② 이 옷은 선물로 받은 거예요.　この洋服はプレゼントでもらったものです。
　　③ 지난 여행 때 든 비용은 얼마였어요?　前回の旅行の時(に)かかった費用はいくらでしたか。
　　④ 주말에 보신 영화는 어떠셨어요?　週末にご覧になった映画はいかがでしたか。
　　⑤ 보내 주신 책, 너무 재미있었어요.　送ってくださった本、とても面白かったです。

練習1 例のように、下線部を過去連体形にして文を完成し、訳してみましょう。

例) <u>잃어버리다</u> / 물건을 찾았어요.

→ **잃어버린 물건을 찾았어요.** なくしてしまったものを見つけました。

(1) 말을 <u>하다</u> / 기억이 없어요.   *말을 하다 話をする

→ _____

(2) 어젯밤에 연락 <u>받다</u> / 걸 (= 것을) 깜빡 잊어버렸어요.

→ _____

(3) 소고기를 넣어서 <u>말다</u> / 김밥을 좋아해요.   *말다 巻く

→ _____

(4) 제일 먼저 <u>오다</u> / 사람이 누구예요?

→ _____

(5) 이건 지난주에 <u>배우다</u> / 내용입니다.

→ _____

文型2 ● ~(으)ㄴ 적(이) 있다/없다

~(し)た こと(が)ある/ない 🔊 25

・過去の経験の有無を表します。動詞に付きます。

例) ① 한국 신문을 읽은 적이 있어요?　　韓国の新聞を読んだことがありますか。

② 영화를 보고 운 적은 없어요.　　映画を見て泣いたことはありません。

　※「~아/어 보다 ~(し)てみる」の形を用いて、「~아/어 본 적이 있다/없다」で
　　用いられることも多いです。

③ 아직 KTX를 타 본 적이 없어요.　　まだKTXに乗った (←乗ってみた) ことがありま
　　せん。

④ 외국에서 살아 본 적이 있어요?　　外国で暮らした(←暮らしてみた)ことがありますか。

① 例のように、「～(으)ㄴ 적(이) 있다/없다」を用いて、日本語に合うように文を完成させましょう。

　　例）한국 연예인을 직접 <u>보다</u>　→ <u>한국 연예인을 직접 본 적이 있어요?</u>

　　　　　　　　　　　　　　　　　 韓国の芸能人を直接見たことがありますか。

　　（1）머리를 짧게 <u>자르다</u>　　→ ＿＿＿＿＿＿＿＿＿＿＿＿＿＿＿＿

　　　　　　　　　　　　　　　　　 髪の毛を短く切ったことがありません。

　　（2）요리 학원에 <u>다니다</u>　　→ ＿＿＿＿＿＿＿＿＿＿＿＿＿＿＿＿

　　　　　　　　　　　　　　　　　 料理教室（←料理学院）に通ったこともあります。

　　（3）한국 친구한테 전화를 <u>걸다</u> → ＿＿＿＿＿＿＿＿＿＿＿＿＿＿＿＿

　　　　　　　　　　　　　　　　　 韓国の友達に電話をかけたことがあります。

　　（4）불우이웃을 <u>돕다</u>　　　→ ＿＿＿＿＿＿＿＿＿＿＿＿＿＿＿＿

　　　　　　　　　　　　　　　　　 恵まれない人々（←不遇な隣人）を助けたことがありますか。

② 例のように、「～아/어 본 적(이) 있다/없다」を用いて、日本語に合うように文を完成させましょう。

　　例）김치 박물관에 <u>가다</u>　→ <u>김치 박물관에 가 본 적이 있어요?</u>

　　　　　　　　　　　　　　　　　 キムチ博物館に行った（←行ってみた）ことがありますか。

　　（1）한국 화장품을 <u>쓰다</u>　　→ ＿＿＿＿＿＿＿＿＿＿＿＿＿＿＿＿

　　　　　　　　　　　　　　　　　 韓国の化粧品を使ったことがあります。

　　（2）한약을 <u>먹다</u>　　　　　→ ＿＿＿＿＿＿＿＿＿＿＿＿＿＿＿＿

　　　　　　　　　　　　　　　　　 韓方薬を飲んだことはありません。

　　（3）그건 <u>생각하다</u>　　　　→ ＿＿＿＿＿＿＿＿＿＿＿＿＿＿＿＿

　　　　　　　　　　　　　　　　　 それは考えたこともありません。

　　（4）스쿠버 다이빙을 <u>하다</u> → ＿＿＿＿＿＿＿＿＿＿＿＿＿＿＿＿

　　　　　　　　　　　　　　　　　 スキューバダイビングをしたことがありますか。

応用練習

1 例のように、文になるように関連のあるものを線でつないで言ってみましょう。

例) **한국에 몇 번이나** ·   · 보낸 적도 있어요.

（1）학교 숙제를   ·   · 보신 적이 있으세요?

（2）한국 만화를   ·   · 입원한 적은 없어요.

（3）외국에서 길을   ·   · **가 본 적이 있어요.**

（4）한글로 문자를   ·   · 깜빡한 적이 있어요.

（5）병원에   ·   · 헤맨 적이 있어요?

*문자 携帯メール、깜빡하다 うっかりする、헤매다 迷う

2 音声を聞いて（　　　）の中に語句を書き入れて、会話を完成させましょう。　🔊 26

미키 : ① 일본에 (　　　　　　　　　　　　　　)?

진수 : ② 네, 있어요.

미키 : ③ 어디 어디 가 봤어요?

진수 : ④ 도쿄, 오사카, 교토… 여러 군데에 (　　　　　　　　).

미키 : ⑤ 가장 (　　　　　　　　) 곳은 어디예요?

진수 : ⑥ 다 좋았는데 뭐니 뭐니 해도 교토가 (　　　　　　　　).

3 次の質問に答えてみましょう。また、隣の人（あるいは先生）と話してみましょう。

（1）이사한 적이 있어요?

（2）번지 점프를 한 적이 있어요?　　　　　　　　　*번지 점프 バンジージャンプ

（3）한국 가수 (/ 배우) 의 콘서트 (/ 팬 미팅) 에 가 본 적이 있어요?

（4）후지산에 올라가 본 적이 있어요?　　　　　　　　*올라가다 登る、登っていく

④ 身につけている物についてのいろいろなフレーズを覚えましょう。　🔊 27

Q：그거 예쁘네요. 어디서 산 거예요?

それ、きれいですね。どこで買ったものですか。

┌ A 1：편집 숍에서 산 거예요.　　　　　　　　＊편집 숍 セレクトショップ

├ A 2：제가 직접 만든 거예요.　　　　　　　　＊직접 만들다 手作りする

├ A 3：친구한테 선물로 받은 거예요.

└ A 4：어머니가 주신 거예요.

「못 ~」の発音　🔊 28

鼻音化	못 ＋ 初声 ［ㄴ ㅁ］
	못 나가요 出かけられません　　　못 먹어요 食べられません ［몬］　　　　　　　　　　　　　　［몬］
濃音化	못 ＋ 初声 ［ㄱ ㄷ ㅂ ㅅ ㅈ］
	못 가요　　　못 도와요　　　못 봐요　　　못 사요　　　못 자요 ［까］　　　　　［또］　　　　　［빠］　　　　　［싸］　　　　　［짜］ 行けません　手伝えません　見られません　買えません　眠れません
激音化	못 ＋ 初声 ［ㅎ］
	못해요 出来ません　　　못하고 出来なくて ［모태］　　　　　　　　　［모타］

35

재미있었던 옛날이야기도 많이 하고 좋았어요

楽しかった昔の話もたくさんして良かったです

この課の目標：【過去のこと】について話してみましょう！

🔊 29

모리 : **1** 민지 누나, 그때 말한 초등학교 동창회는 어땠어요?

민지 : **2** 재미있었던 옛날이야기도 많이 하고 좋았어요.

모리 : **3** 민지 누나가 짝사랑했던 그분도 나오셨어요?

민지 : **4** 네. 옛날에는 키가 참 작았던 친구였거든요.

　　　 5 근데 지금은 몰라보게 키도 크고 멋있었어요.

모리 : **6** 혹시 민지 누나 다시 사랑에 빠진 거 아니에요?

민지 : **7** 그게 아쉽게도 그 사람한테는 애인이 있는 것 같아요.

---

1 民智さん、この前（←あの時）話し（てい）た小学校の同窓会はどうでしたか。

2 楽しかった昔の話もたくさんして良かったです。

3 民智さんが片思いをしていたあの方もいらっしゃいましたか。

4 はい。昔は背がとても低かった友達だったんですよ。

5 ところが、今は見違えるほど背も高いし、素敵でした。

6 ひょっとして民智さん、再び恋に落ちたのではないんですか。

7 それが残念ながら彼には彼女がいるようです。

発音

2 옛날이야기
[옌날리야기]

🈁 鼻　ㄴ添　流

- **말한**：言った～、話した～

  「말하다 言う、話す」の過去連体形
- **초등학교**【初等学校】：小学校
- **동창회**【同窓会】：同窓会
- **재미있었던**：面白かった～、楽しかった～

  「재미있다 面白い、楽しい」の過去連体形
- **짝사랑했던**：片思い（を）していた～

  「짝사랑하다 片思い（を）する」
- **작았던**：小さかった～、（背が）低かった～

  「작다 小さい」の過去連体形

「키가 크다 背が高い」「키가 작다 背が低い」
- **몰라보게**：見違えるほど

  圉 몰라보다 見違える
- **혹시**：ひょっとして、もしかしたら
- **빠진**：（ある状態に）落ちた～、溺れた～

  「빠지다 落ちる、溺れる」の過去連体形

  「사랑에 빠지다 恋に落ちる」
- **아쉽게도**：残念ながら（も）、名残惜しくも

  圉 아쉽다 残念だ、名残惜しい

文型1 ● ～던 ＋ 名詞など 🔊 30

～かった～、～だった～ 〈形容詞・指定詞・存在詞の過去連体形〉

- 用言の語幹に付きます。
- また、過去形「～았/었」に付いて「～았/었던」の形で用いられることもあります。

例）① 흐리던 (＝흐렸던) 날씨가 갰어요. 曇っていた天気が晴れました。

② 길(었)던 머리를 잘랐어요. 長かった髪を切りました。 ＊자르다 (르変則) p.40 参照

③ 회사원이(었)던 친구가 지금은 간호사예요.

　　会社員だった友達が今は看護師です。

④ 요리 솜씨가 없(었)던 제가 지금은 요리사예요.

　　料理が下手だった（←料理の腕前がなかった）私が今は調理師です。

※ 動詞に「～던」が付くと、現在は行っていない過去の継続した行為を表します。

例）① 자주 가던 곳이에요. よく行っていた所です。

② 옛날에 살던 곳이에요. 昔、住んでいた所です。

練習1

□1 例のように、下線部を「〜던」の文型にしてみましょう。

例）**꽤 맛있다 / 가게**　　→　**꽤 맛있던 가게**　　けっこう美味しかった店

（1）아름답다 / 경치　　→　＿＿＿＿＿＿＿ 경치　　　美しかった景色

（2）하얗다 / 피부　　　→　＿＿＿＿＿＿＿ 피부　　　色白だった肌

（3）실력이 있다 / 부하　→　실력이 ＿＿＿＿＿＿＿ 부하　　実力があった部下

（4）가끔 타다 / 전철　　→　가끔 ＿＿＿＿＿＿＿ 전철　　たまに乗っていた電車

□2 例のように、下線部を「〜던」または「〜았/었던」を用いて、文を完成させましょう。

例）몹시 춥다 / 겨울이 이제야 지나갔어요.

　　→　몹시 춥던 (= 추웠던) 겨울이 이제야 지나갔어요. ＿＿＿＿＿＿＿＿＿＿＿＿

　　　ひどく寒かった冬がやっと過ぎていきました。

（1）따뜻하다 / 봄은 지나고 더운 여름이 찾아왔어요.

　　→ ＿＿＿＿＿＿＿＿＿＿＿＿＿＿＿＿＿＿＿＿＿＿＿＿＿＿＿

（2）어렵다 / 일들이 신기하게도 다 잘 풀렸어요.

　　　　　　　　　　　　　＊신기하게도 不思議にも、 잘 풀리다 うまく解決できる

　　→ ＿＿＿＿＿＿＿＿＿＿＿＿＿＿＿＿＿＿＿＿＿＿＿＿＿＿＿

（3）이전에는 소극적이다 / 사람이 아주 적극적으로 변했어요.

　　→ ＿＿＿＿＿＿＿＿＿＿＿＿＿＿＿＿＿＿＿＿＿＿＿＿＿＿＿

（4）말주변이 없다 / 친구가 변호사가 됐어요.　　　　＊말주변이 없다 口下手だ

　　→ ＿＿＿＿＿＿＿＿＿＿＿＿＿＿＿＿＿＿＿＿＿＿＿＿＿＿＿

（5）자주 만나다 / 선배가 외국으로 가게 됐어요.

　　→ ＿＿＿＿＿＿＿＿＿＿＿＿＿＿＿＿＿＿＿＿＿＿＿＿＿＿＿

● ～ 거 아니에요.(?)

～(の)ではありません(か)、～じゃないです(か) 🔊 31

・用言の連体形に付きます。

例) ① 너무 더운 거 아니에요?　　　　あまりにも暑いのではありませんか。

　　② 아직 다 먹은 거 아니에요.　まだ食べ終わった（←全部食べた）のではありません。

　　③ 오늘이 아닌 거 아니에요?　　　今日ではないんじゃないですか。

　　④ 어제 집에 있었던 거 아니에요?　昨日、家にいたのではありませんか。

　　※ 疑問形「～ 거 아니에요 ?」の場合は、「～です（よ）ね、～でしょう」の意味も含まれます。

練習2　例のように、「～ 거 아니에요」を用いて、日本語に合うように文を完成させましょう。

例) **한국에서도 유명하다**　→　한국에서도 유명한 거 아니에요?

　　　　　　　　　　　　　　　　　韓国でも有名なのではありませんか（→有名ですよね）。

（1）너무 많이 남기다　→ _____

　　　　　　　　　　　　　　残しすぎたのではありませんか。

（2）문화가 많이 다르다　→ _____

　　　　　　　　　　　　　　文化がかなり違うのではありませんか。

（3）제가 소개하다　→ _____

　　　　　　　　　　　　　　私が紹介したのではありません。

（4）취향이 닮다　→ _____

　　　　　　　　　　　　　　好みが似ているのではありませんか。

（5）이거 상하다　→ _____

　　　　　　　　　　　　　　これ、傷んだのではありません。

르変則活用

（1）語幹が「르」で終わる用言の大部分

　　으変則（들르다 立ち寄る、따르다 従う、치르다 払う）と러変則になるもの以外すべて

（2）活用の特徴

　　「아/어 語尾」が付くと、語幹「르」の「ㅡ」が脱落して、ㄹだけとなります。

　　「르」の前の母音が、陽母音なら「아」、陰母音なら「어」が付きます。従って、

　　「ㄹ＋아/어 ⇒ 라/러」となり、さらにㄹがもう一つ重なって「ㄹ라/ㄹ러」となります。

語尾のタイプ 基本形	子音語尾（Ⅰ） 〜겠어요	으語尾（Ⅱ） 〜(으)면	아/어語尾（Ⅲ） 〜았/었어요
例）모르다　知らない	모르겠어요	모르면	몰랐어요
（1）바르다　ぬる、 　　　　　　正しい			
（2）빠르다　速い			
（3）누르다　押す			

例） 엘리베이터 버튼을 잘못 눌렀어요.　エレベーターのボタンを押し間違えました。

応用練習

1 例のように、下線部の用言を「〜아/어서」の形にして、右側の選択肢と線でつなげましょう。

　　例）**한국말을 모르다（　　몰라서　　）** ・　　　　・어깨가 아픈 것 같아요.

　　（1）노래를 잘 **부르다**（　　　　　）　・　　　　・가수인 줄 알았어요.

　　（2）좋은 물건을 **고르다**（　　　　　）　・　　　　・많이 샀어요.

　　（3）어제 이삿짐을 **나르다**（　　　　　）・　　　　・**고생했어요.**

　　（4）옷이 다 **마르다**（　　　　　）　　・　　　　・걷었어요.

　　　　　　　　　　　　　　　　　　　　　　＊나르다 運ぶ、마르다 乾く、걷다 取り込む

40

2 音声を聞いて（　　　）の中に書き入れて、会話を完成させましょう。　🔊 **32**

미키 : ① 이제 (　　　　　　　　　　　) 방학도 내일로 끝나네요.

진수 : ② 그러게요. 방학이 너무 (　　　　　　　　　　　　　　)?

미키 : ③ 맞아요. 그리고 숙제가 너무 (　　　　　　　　　　　　　)?

진수 : ④ 정말 그래요.

3 次の質問に答えてみましょう。また、隣の人（あるいは先生）と話してみましょう。

（1）가장 좋았던 (/힘들었던) 일이 뭐예요?

（2）한국 요리 중에서 제일 맛있었던 건 뭐예요?

（3）가장 기뻤던 선물이 뭐예요?

4 ほめる、ほめられた時のフレーズを覚えましょう。（「A：ほめる、B：受け答える」の例）

A
┌ 1. 너무 예쁜 거 아니에요?　🔊 **33**
│　　とてもきれいですね（←とてもきれいじゃありませんか）。
│
│ 2. 너무 마음이 넓은 거 아니에요?
│　　とても心が広いですね（←とても心が広いのではありませんか）。
│
│ 3. 머리가 너무 좋은 거 아니에요?
│　　頭がとてもいいですね（←頭がとてもいいのではありませんか）。
│
└ 4. 일을 너무 잘하는 거 아니에요?
　　　仕事がよくできますね（←仕事がとても上手ではありませんか）。

⇓

B
┌ 1. 아니에요. 무슨 말씀을…
│　　いいえ（←違います）。とんでもないです。
│
│ 2. 아뇨, 그렇지 않아요.
│　　いいえ、そんなことありません。
│
│ 3. 너무 비행기 태우지 마세요.
│　　あまりおだてないでください（←あまり飛行機乗せないでください）。
│
└ 4. 고마워요. 오늘 제가 커피 쏠게요.
　　　ありがとうございます。今日私がコーヒーおごりますね。

일본 지사로 발령 날지도 몰라요

日本の支社に異動するかもしれません

この課の目標：【これからのこと】について話してみましょう！

スーパーの前を通りながら 🔊 34

민지 : **1** 모리 씨, 뭐 살 거 없어요?

모리 : **2** 글쎄요… 집에 먹을 거나 마실 거는 많이 사 뒀거든요.

민지 : **3** 혼자 있으면서 대단하네요.

4 참, 실은 나 어쩌면 일본 지사로 발령 날지도 몰라요.

모리 : **5** 일본 지사요?

6 축하할 일이지만 굉장히 아쉽네요.

1 森さん、何か買うものありませんか。

2 そうですね…家に食べ物や飲み物はたくさん買って
おいたんです。

3 一人暮らしなのに（←一人でいるのに）すごいですね。

4 そうだ、実は私ひょっとしたら日本の支社に異動す
るかもしれません（←発令が出るかもしれません）。

5 日本の支社ですか。

6 お祝いすべきことですが、ものすごく残念ですね。

発音 **1** 살 거 [살꺼] 濃

2 먹을 거나 [머글꺼나] 濃

2 마실 거는 [마실꺼는] 濃

4 발령 날지도 [발령날찌도] 濃

6 축하할 일이지만
[추카할리리지만] 激 ㄴ添 流

6 아쉽네요 [아쉼네요] 鼻

- **살**：買う〜、買うべき〜
  「사다 買う」の未来連体形
  「살 거（これから）買う物。（＝살 것）」
- **먹을**：食べる〜、食べるべき〜
  「먹다 食べる」の未来連体形
  「먹을 거（これから）食べる物。（＝먹을 것）」
- **〜나**：(列挙を表す) 〜や〈助詞〉
  パッチム無の名詞に付く。
  パッチム有の名詞には「〜이나」が付く。
- **마실**：飲む〜、飲むべき〜
  「마시다 飲む」の未来連体形
  「마실 거（これから）飲む物。（＝마실 것）」

- **사 뒀거든요**：買っておいたんです（よ）
  「사 두다 買っておく」
- **어쩌면**：ひょっとしたら、もしかしたら
- **지사**【支社】：支社
- **발령 날지도 몰라요**：異動するかもしれません
  墓 발령【發令】나다 異動する、辞令が出る
- **축하할**：祝う〜、祝うべき〜
  「축하【祝賀】하다 祝う」の未来連体形
  「축하할 일（これから）祝うべきこと」

文型1 ● 〜(으)ㄹ＋ 名詞など　　🔊 35

〜(す)る〜、〜い〜、〜な〜〈用言の未来連体形〉

- 推測、予定、意志、可能性など、まだ実現していない事柄を表します。
- 用言の語幹に付きます。母音語幹・ㄹ語幹（ㄹ脱落）＋ ㄹ / 子音語幹 ＋ 을

例）　① 그 사람은 아마 성격이 좋을 거예요.　その人は多分性格がいいと思います。

　② 내일 아침에 먹을 빵을 샀어요.　明日の朝、食べるパンを買いました。

　③ 지금은 놀 기분이 아니에요.　今は遊ぶ気分ではありません。

　※ なお、特定の語「때 とき」などと結びついて、「〜ㄹ/을 때 〜(する)とき」「〜았/었을 때 〜(し)たとき」のように慣用的に用いられます。

　④ 시간 날 때 연락 줘요.　時間ある時連絡下さい。

　⑤ 어렸을 때는 울보였어요.　幼い頃（←幼かった時）は泣き虫でした。

練習1

1 例のように、下線部を未来連体形にしてみましょう。

例) 이제 가다 / 시간　→ 이제 <u>갈</u> 시간 もう帰る時間

（1）오늘 하다 / 일　　　→ 오늘 _____ 일　　　今日やる（べき）こと

（2）내일 입다 / 옷　　　→ 내일 _____ 옷　　　明日着る服

（3）깜짝 놀라다 / 일　　→ _____ 일　　　驚く（べき）こと

（4）취직하다 / 생각　　→ _____ 생각　　就職する気（←考え）

（5）감기(가) 들었다 / 때　→ 감기 (가) _____ 때　風邪を引いたとき

2 例のように、下線部を未来連体形にして文を完成させましょう。

例) 오늘 밤에 우리가 묵다 / 호텔이에요.

　　→ <u>오늘 밤에 우리가 묵을 호텔이에요.</u>　　今晩、私達が泊まるホテルです。

（1）벌써 도착하다 / 시간이 다 됐어요.

　　→ _____

　　もう到着する時間に（ほぼ）なりました。

（2）우리가 앉다 / 자리가 없는 것 같아요.

　　→ _____

　　私たちが座る席はないようです。

（3）방이 좁아서 답답하다 / 것 같아요.

　　→ _____

　　部屋が狭くて窮屈そうです。

（4）그분이 친척이다 / 줄 몰랐어요.

　　→ _____

　　その方が親戚だとは知りませんでした。

（5）첫눈이 내리다 / 때 만나요!

　　→ _____

　　初雪が降る時、会いましょう！

文型2 ● ～(으)ㄹ지도 모르다　～かもしれない

🔊 36

- 用言の語幹に付きます。
- 母音語幹・ㄹ語幹（ㄹ脱落）＋ㄹ지도 모르다／子音語幹＋을지도 모르다
- 過去形の場合：～았/었＋을지도 모르다

例）① 주말에는 비가 올지도 모르겠어요.　週末は雨が降るかもしれません。
　　② 의외로 좋아할지도 모르겠네요.　意外に好きなのかもしれませんね。
　　③ 맛이 쓸지도 몰라요.　味が苦いかもしれません。
　　④ 강이 깊을지도 몰라서 안 들어갔어요.　川が深いかもしれないので入りませんでした。
　　⑤ 스포츠 선수였을지도 몰라요.　スポーツ選手だったかもしれません。

練習2 例のように、「～(으)ㄹ지도 모르다」を用いて文を完成させ、訳してみましょう。

例）오늘은 한가하다　→　오늘은 한가할지도 몰라요.　今日は暇なのかもしれません。

（1）많이 힘들다　　　　→ _____

（2）벌써 일어나 있다　→ _____
　　　もう起きている

（3）엄청나게 변했다　→ _____
　　　ものすごく変わった

（4）이미 도착했다　　→ _____
　　　すでに着いている（←到着した）

（5）지금은 프리랜서이다 → _____

① 例のように、関連のあるものを線でつないで文を完成させ、言ってみましょう。

例） **같이 갈 사람이** ・　　　　　・깜빡했을지도 몰라요.

（1）사야 될 물건을 ・　　　　　・조금 추울지도 몰라요.

（2）오늘 만들 요리는 ・　　　　　・안 날지도 몰라요.

（3）말을 걸 용기가 ・　　　　　・**있을지도 몰라요.**

（4）제가 드릴 것이 ・　　　　　・조금 매울지도 몰라요.

（5）우리가 갈 곳은 ・　　　　　・이것밖에 없을지도 몰라요.

*말을 걸다 声（←言葉）をかける

② 音声を聞いて（　　　）の中に語句を書き入れて、会話を完成させましょう。　🔊 37

진수：① 미키 씨, 오늘 뭐 (　　　　　　　　)?

미키：② 있어요. 학교에서 (　　　　　　) 하고 언니한테 (　　　　　) 을 사야 돼요.

진수：③ 그래요? 그거 사러 어디로 (　　　　　　　)?

미키：④ 집 근처에는 종류가 그리 (　　　　　　　　　　).

진수：⑤ 그럼 저랑 같이 인사동으로 가 볼까요?

미키：⑥ 정말요? 고마워요. 그럼 같이 가서 골라 주세요.

③ 次の質問に答えてみましょう。また、隣の人（あるいは先生）と話してみましょう。

（1）이번 주까지 해야 할 일이 있어요?

（2）일본 선물로 뭐가 좋을 것 같아요?

（3）조만간에 여행 갈 예정이 있으세요?

*조만간에 近いうちに

4 次の会話のフレーズを覚えましょう。 38

（1）A：가장 행복할 때가 언제예요?　一番幸せな時はいつですか。

B：맛있는 거 먹을 때와 놀 때 그리고 잘 때예요.
おいしいもの（を）食べる時と遊ぶ時、そして寝る時です。

（2）A：가장 소중한 게 뭐예요?　一番大切なものはなんですか。

B：어렸을 때 친구와 지금 만나는 친구가 나의 소중한 보물이에요.
幼い頃の友達と今の（←会っている）友達が私の大切な宝物です。

（3）A：자기 전에 하는 일이 있어요?　寝る前にすることはありますか。

B：네. 다음 날 가져갈 가방과 입을 옷과 신을 신발을 챙겨요.
はい。次の日（に）持っていくカバンと着る服と履く靴を準備します。

커피 브레이크

「〜(으)ㄹ 일」の発音　39

＊「〜(으)ㄹ 일」は、すべてㄴ添加により流音化

- 볼 일 [볼릴]　用事
- 할 일 [할릴]　やるべき事
- 갈 일 [갈릴]　行く用事
- 축하할 일 [추카할릴]　お祝いすべき事

例）①볼일이 있어서 먼저 실례할게요.　用事があるのでお先に失礼します。

②이번 주는 할 일이 너무 많아요.　今週はやるべきことがとても多いです。

③편의점에 갈 일은 없어요?　コンビニに行く用事はありませんか。

템플스테이를 하고 싶은데
テンプルステイをしたいのですが

この課の目標：【婉曲的】に言ってみましょう！

大学のチューターと森さんとの会話 🔊 40

모리 : **1** 템플스테이를 좀 하고 싶은데 어디 좋은 데 없어요?

튜터 : **2** 저는 가 본 적은 없는데 미황사는 어떨까요?

모리 : **3** 미황사는 어디에 있는 절인데요?

튜터 : **4** 전라남도에 있는 절인데, 땅끝마을 아름다운 절로
유명해요.

모리 : **5** 땅끝마을요?

튜터 : **6** 네, 한국 최남단에 있는 마을이라서 지어진 이름인 것
같아요.

모리 : **7** 그 절 괜찮을 거 같네요.

1 テンプルステイをちょっとしたいのですが、どこ
かいいところありませんか。
2 私は行っ（てみ）た事がないんですが、美黄寺は
どうでしょうか。
3 美黄寺はどこにあるお寺なんですか。
4 全羅南道にあるお寺ですが、タンクンマウルの美
しいお寺として有名です。
5 タンクンマウルですか。
6 はい、韓国の最南端にある町なのでつけられた名
前のようです。
7 そのお寺良さそうですね。

発音

4 전라남도에 [절라남도에] 流

4 땅끝마을 [땅끈마을] 鼻

7 괜찮을 거 같네요
[괜차늘꺼간네요] ㅎ弱 濃 鼻

48

語彙

- **템플스테이**：テンプルステイ ＜ Temple Stay
- **하고 싶은데**：したいけれど、したい（の）で すが　「하고 싶다 したい」
- **데**：(連体形と一緒に用いられて)～ところ、 ～場所　「좋은 데 良いところ」
- **미황사**【美黄寺】：ミファンサ 全羅南道（전라남도）海南郡にあるお寺
- **땅끝**：地の果て 「땅끝마을　タンクンマウル、地の果てにある 村」

- **아름다운**：美しい～　ㅂ変則 「아름답다 美しい」の現在連体形
- **최남단**【最南端】：最南端
- **마을이라서**：町なので、村なので 「～이라서（名詞に付いて）～なので」
- **지어진**：つけられた～ 「지어지다（名前などが）つけられる」の過去 連体形
- **괜찮을**：(なかなか) いい～、大丈夫～ 「괜찮다（なかなか）いい」の未来連体形

文型1 ・～는데, ～(으)ㄴ데　～だが、～けれど

🔊 41

- 話題の背景や状況を説明する時に用いられ、文末では婉曲的な言い回しになります。
- 動詞（ㄹ語幹はㄹ脱落）と存在詞の語幹＋는데

  形容詞と指定詞：母音語幹・ㄹ語幹（ㄹ脱落）＋ㄴ데 / 子音語幹＋은데
- 過去形の「～았/었」、意志・推量形の「～겠」＋는데
- 「～요」をつけて、「～는데요/(으)ㄴ데요」と言えば丁寧な言い方になります。

＊疑問詞（언제、누구、얼마、어디、왜、뭐、몇 など）と共に用いられるとストレートで はない柔らかい婉曲的な疑問形にもなります。

例)　① 친구를 기다리는데 아직 안 오네요.　友達を待っていますが、まだ来ません（ね）。

　　② 바지가 좀 큰데 다른 건 없어요?

　　　　ズボンが少し大きいですが、他のものはありませんか。

　　③ 전데요 (=저인데요), 누구세요?　　私ですが、どちら様ですか。

　　④ 아침에 전화했는데 아무도 없었어요.

　　　　朝、電話しましたが、誰もいませんでした。

　　⑤ 잘 모르겠는데요….　　　　　　　よく分かりませんが…。

　　⑥ 어디가 좋은데요?　　　　　　　どこが良いでしょうか？

練習1

1 下線部を「〜는데요/(으)ㄴ데요」を用いて文を完成させましょう。

（1）어디서 하다　　　　　→ _____ ?

（2）얼마나 멀다　　　　　→ _____ ?

（3）저는 생각이 없다　　 → _____ .
　　　　私はその気はない

（4）지금 몇 시이다　　　 → _____ ?

（5）그 시간에는 회사에 있었다 → _____ .

（6）저, 길 좀 묻겠다　　 → _____ .
　　　　あのう、ちょっと道をお尋ねする

2 例のように、「〜는데/(으)ㄴ데」を用いて文を完成させましょう。

例）지금 식사하러 가다 / 같이 안 갈래요? → 지금 식사하러 가는데 같이 안 갈래요?
　　　　　　　　　　　　　　今、食事に行くのですが、一緒に行きませんか。

（1）배고프다 / 뭐 먹을 거 없어요?

　　→ _____

（2）마음에는 들다 / 비싸네요.

　　→ _____

（3）그건 제 게 아니다 / 누구 거죠?

　　→ _____

（4）병은 다 나았다 / 아직 일은 안 하고 있어요.

　　→ _____

（5）죄송하다 / 먼저 실례할게요.

　　→ _____

（6）스카이다이빙을 하고 싶다 / 같이 안 할래요?

　　→ _____

文型2 ● ～(으)로 유명하다   ～で有名だ

🔊 42

・パッチム無・ㄹパッチムの名詞＋로 유명하다、パッチム有の名詞＋으로 유명하다

例） ① 한국은 김치로 유명해요.　　　韓国はキムチで有名です.

　　② 전주는 비빔밥으로 유명해요.　　全州はビビンバで有名です.

　　③ 부산 하면 해산물로 유명해요.　プサンと言えば海の幸（←海産物）で有名です.

● ～기로 유명하다   ～ことで有名だ

・用言の語幹に付きます.

例） ① 일본은 온천이 많기로 유명해요.　　日本は温泉が多いことで有名です.

　　② 제주도는 대문, 도둑, 거지가 없기로 유명해요.
　　　　済州島は門、泥棒、物乞いがいないことで有名です.

　　③ 저희 고향은 물이 좋기로 유명합니다.
　　　　私の故郷は水がきれいな（←良い）ことで有名です.

練習2

1 例のように、「～(으)로 유명해요」を用いて、文を完成させましょう.

　　例) 이바라키현 / 낫토　→　　이바라키현은 낫토로 유명해요. 茨城県は納豆で有名です.

　　（1）아오모리현 / 사과　　　　　→ ＿＿＿＿＿＿＿＿＿＿＿＿＿＿＿＿

　　（2）설악산 / 단풍　　　　　　　→ ＿＿＿＿＿＿＿＿＿＿＿＿＿＿＿＿

　　（3）경주 / 불국사　　　　　　　→ ＿＿＿＿＿＿＿＿＿＿＿＿＿＿＿＿

2 例のように、「～기로 유명해요」を用いて、文を完成させましょう.

　　例) 교토 / 절이 많다　→　　교토는 절이 많기로 유명해요. 京都はお寺が多いことで有名です.

　　（1）오키나와의 바다 / 아름답다　　→ ＿＿＿＿＿＿＿＿＿＿＿＿＿＿

　　（2）홋카이도 / 눈 축제가 멋있다　　→ ＿＿＿＿＿＿＿＿＿＿＿＿＿＿

　　（3）제주도 / 돌, 바람, 여자가 많다　→ ＿＿＿＿＿＿＿＿＿＿＿＿＿＿

応用練習

1 例のように、関連のあるものを線でつないで文を完成させましょう。

例) **우리 집은 학교에서 좀 먼데** •   •내일은 어때요?

(1) 여기는 날씨가 좋은데   •   •조금 비뚤어졌어요.

(2) 영화 티켓이 두 장 있는데   •   •거기는 어떠세요?

(3) 친구는 한국 사람인데   •   **•선생님 댁은 가까우세요?**

(4) 선을 그었는데   •   •같이 안 갈래요?

(5) 오늘은 안 되겠는데   •   •일본어를 너무나 잘해요.

2 音声を聞いて（　　　）の中に語句を書き入れて、会話を完成させましょう。　🔊 43

진수 : ① 일본은 (　　　　　　　　　　) 혹시 다도 체험 장소를 알고 있어요?

미키 : ② 실은 제가 다도 동아리 활동을 (　　　　　　　　　　) 같이 가 볼래요?

진수 : ③ 정말요? (　　　　　　　　　).

미키 : ④ 마침 오늘 저녁에 동아리 모임이 (　　　　　　　) 어떠세요?

진수 : ⑤ 네, 갈 수 있어요. 몇 시에 (　　　　　　　　　　)?

미키 : ⑥ (　　　　　　　　　　), 조금 늦어도 괜찮아요.

3 「～(으)로 유명해요/～기로 유명해요」を用いて、隣の人（あるいは先生）と話してみましょう。

(1) 일본은 어디가 뭐로 유명해요?

(2) 여러분의 대학교는 뭐로 유명합니까?

(3) 여러분의 동네는 뭐로 유명하죠?

4 感嘆や驚きを表すフレーズを覚えましょう。 🔊 44

A : 이거 어때요?　これ、どうですか。

B : <u>정말 예쁜데요</u>.　本当にきれいですね（←きれいですが）。

（Bに置き換えて言ってみましょう）

① 되게 멋진데요.　すごく素敵ですね。

② 아주 좋은데요.　とてもいいですね。

③ 솜씨가 대단한데요.　腕がいいですね（←すごいですね）。

④ 잘 어울리는데요.　よくお似合いですね。

⑤ 사진이 잘 나왔는데요.

　　　　　　写真がきれいに撮れていますね（←よく出て来ましたね）。

ㅅ変則活用

（1）語幹末がパッチムㅅ（시옷）の用言の一部

　例）붓다 腫れる・注ぐ、낫다 治る・ましだ、짓다 作る・名付ける、잇다 繋ぐ、긋다（線を）引く　等

　★　次の用言は、規則的な活用をします。

　例）웃다 笑う、씻다 洗う、솟다 突き出る、벗다 脱ぐ、빼앗다 奪い取る　等

（2）活用の特徴

　母音で始まる語尾（으~、아/어~）が付くと「ㅅ」が脱落します。脱落の際、母音が縮約することはありません。

語尾のタイプ 基本形	子音語尾（Ⅰ） ~네요	으語尾（Ⅱ） ~(으)면	아/어語尾（Ⅲ） ~았/었어요
例）낫다 治る	낫네요	나으면	나았어요
（1）짓다 作る			
（2）긋다（線を）引く			
（3）붓다 腫れる			
（4）웃다 笑う （規則活用）	웃네요	웃으면	웃었어요

例）약을 먹어서 빨리 나았어요.　薬を飲んだので早く治りました。

53

9課 보다 알찬 여행을 위해서

구 과

より充実した旅行のために

この課の目標：【最近始めたこと】について話してみましょう！

🔊 45

튜터 : **1** 항상 갖고 다니는 그 책은 뭐예요?

모리 : **2** 이거요? 한국 지도책이에요.

　　　3 보다 알찬 여행을 위해서 지도책을 보기 시작했어요.

튜터 : **4** 어디, 좀 봐도 돼요?

모리 : **5** 그럼요. 메모를 많이 해 놔서 좀 지저분하지만요.

튜터 : **6** 정말 꼼꼼히 적어 놨네요.

모리 : **7** 좋은 여행을 가기 위해서는 필수죠.

---

1 いつも持ち歩いているその本は何ですか。

2 これですか。韓国の地図帳ですよ。

3 より充実した旅行のために地図帳を見始めました。

4 どれどれ、少し見てもいいですか。

5 もちろんです。メモをたくさんしておいたので少し汚いですが。

6 本当にまめに書いておいたんですね。

7 良い旅をするためには必須ですよ。

発音

3 알찬 여행 [알찬녀앵] ㄴ添 ㅎ弱

3 시작했어요 [시자캐써요] 激

5 지저분하지만요
　　[지저부나지마뇨 / 만뇨] ㅎ弱 ㄴ添

6 적어 놨네요 [저거난네요] 鼻

- **항상**【恒常】：いつも、常に
- **갖고 다니는**：持ち歩いている～

  「갖고(=가지고) 다니다 持ち歩いている」の

  現在連体形
- **지도책**【地図冊】：地図帳（←地図の本）
- **보다**：より、もっと、いっそう〈助詞〉
- **알찬**：充実した～

  「알차다 充実している」の現在連体形
- **보기 시작했어요**：見始めました

  (基)「보다 見る」
- **어디**：どれどれ、どれ〈感嘆詞〉
- **메모**：メモ ＜ memo

- **해 놔서**：しておいたので、しておいて

  「해 놓아서」の略語　「해 놓다 しておく」
- **지저분하지만요**：汚いですが

  (基) 지저분하다 汚い、散らかっている
- **꼼꼼히**：まめに、抜け目なく
- **적어 놨네요**：書いておいたんですね

  「적어 놓았네요」の略語

  「적어 놓다 書いておく、メモしておく」
- **가기 위해서는**：行くためには

  (基)「가다 行く」
- **필수(이)죠**：必須です（よ）「필수【必須】」

文型1 ● ～를/을 위해(서)　　～のために

🔊 46

- 名詞に付きます。パッチム無の名詞＋를 위해(서)、パッチム有の名詞＋을 위해(서)
- 「～를/을 위하여」の形も用いられますが、やや固いニュアンスの表現になります。

例）① 건강을 위해서 운동하고 있어요.　　健康のために運動しています。

② 세계 평화를 위하여 힘써 주세요.　　世界の平和のために励んでください。

③ 프로젝트의 성공을 위하여 건배～!　　プロジェクトの成功のために乾杯～!

※「～のための」は「～를/을 위한」になります。

例）승진을 위한 노력이 대단해요.　　昇進のための努力がすごいです。

● ～기 위해(서)　　～(す)るために

- 用言の語幹に付きます。

例）① 생일을 축하하기 위해서 케이크를 샀어요.

誕生日を祝うためにケーキを買いました。

② 일찍 일어나기 위해서 일찍 자요.

早く起きるために早く寝ます。

練習1

[1] 例のように、「〜를/을 위해서」を用いて、文を完成させましょう。

例) 가족 / 식사 준비를 해요.

→ **가족을 위해서 식사 준비를 해요.** 家族のために食事の準備をします。

(1) 자기 자신 / 뭘 하고 있어요?

→ _____

(2) 남동생 / 넥타이를 샀어요.

→ _____

(3) 형제간의 우애【友愛】兄弟間の愛 / 자주 연락하는 게 좋아요 .

→ _____

(4) 멋진 미래 / 오늘도 파이팅!

→ _____

(5) 너만 あなただけ / 만든 거야.

→ _____

[2] 例のように、「〜기 위해서」を用いて、文を完成させましょう。

例) 레포트를 쓰다 / 도서관에 갔어요. → 레포트를 쓰기 위해서 도서관에 갔어요.

レポートを書くために図書館に行きました。

(1) 해외 여행을 가다 / 돈을 모으고 있어요.

→ _____

(2) 앞자리에 앉다 / 일찍 왔어요.

→ _____

(3) 기쁜 소식을 알리다 / 전화했어요.

→ _____

(4) 그림을 그리다 / 스케치북을 사러 가요.

→ _____

(5) 취업을 하다 / 열심히 노력하고 있어요.

→ _____

文型2 ● ～기 시작하다　～(し)始める

🔊 47

・用言の語幹に付きます。

例） ① 오후가 되면 언제나 노래를 부르기 시작해요.

　　　午後になると、いつも歌を歌い始めます。

② 학원에는 작년부터 다니기 시작했어요.

　　　塾（←学院）には去年から通い始めました。

③ 기타를 배우기 시작한 것은 중학교 1학년 때부터예요.

　　　ギターを習い始めたのは中学校 1 年生の時からです。

練習2

① 例のように、「～기 시작해요」を用いて、文を完成させましょう。

例） 도쿄의 벚꽃은 3월부터 피다　　→　도쿄의 벚꽃은 3월부터 피기 시작해요.

　　　　　　　　　　　　　　　　　　　東京の桜は 3 月から咲き始めます。

（1）보통 밤 11시 정도부터 졸리다　→ _____

（2）항상 이맘때쯤에 머리가 아프다　→ _____

（3）매일 7시쯤에 나갈 준비를 하다　→ _____

（4）언제나 이 시간에 저녁을 만들다　→ _____

② 例のように、「～기 시작했어요」を用いて、文を完成させましょう。

例） 비가 내리다　→　비가 내리기 시작했어요.　　雨が降り始めました。

（1）불어를 배우다　→ _____

（2）차에 짐을 싣다　→ _____

（3）갑자기 춤을 추다　→ _____

（4）용기가 솟다　→ _____

　　　勇気が沸く

応用練習

1 例のように、関連のあるものを線でつないで文を完成させましょう。

例）**살을 빼기 위해서**　　　　・　　　　　　　・집을 알아보기 시작했어요.

（1）손님을 맞이하기 위해서　・　　　　　　　・배추부터 절이기 시작했어요.

（2）유학을 가기 위해서　　　・　　　　　　　・아르바이트를 하기 시작했어요.

（3）이사를 가기 위해　　　　・　　　　　　　・**운동을 하기 시작했어요.**

（4）돈을 모으기 위해서　　　・　　　　　　　・어학을 배우기 시작했어요.

（5）김장을 하기 위해서　　　・　　　　　　　・요리를 하기 시작했어요.

＊손님을 맞이하다 お客様を迎える、배추부터 절이다 白菜から塩漬けする、
김장 キムジャン（→越冬用のキムチを大量に漬けること）

2 音声を聞いて（　　　）の中に語句を書き入れて、会話を完成させましょう。　　🔊 48

진수：① 미키 씨, 그게 뭐예요?

미키：② 친구 생일을 （　　　　　　　　　　） 제과 학원에서 만든 케이크예요.

진수：③ 정말요? 근데 제과 학원에는 언제부터 （　　　　　　　　　　）?

미키：④ 재작년부터 다니면서 （　　　　　　　　　）.

진수：⑤ （　　　　　　　　　　） 정성이 보통이 아니네요.

미키：⑥ 아니에요. 그냥 취미로 즐기고 있어요.

3 例のように、◯◯の表現を用いて、隣の人（あるいは先生）と話してみましょう。

例）Q：언제부터 한국어를 공부하기 시작했어요?

　　A：작년부터 한국어를 공부하기 시작했어요.

```
① 한국어를 공부하다   ② 여기에 오다/다니다   ③한국에 가다

④ 만나다/사귀다      ⑤ 이 책을 읽다        ⑥ 혼자 살다

⑦ 헬스클럽에 다니다   ⑧ ~에 관심을 갖다     ⑨ ~를/을 모으다
```

4 いろいろな「乾杯！건배!」のフレーズを覚えましょう。 🔊 49

(飲み会などで)	(건배) 위하여～!
(卒業式の後など)	우리의 앞날을 위하여～!
(結婚式場で)	신랑 신부의 영원한 행복과 건강을 위하여～!
(健康な人生を祈って)	아름다운 노후를 위하여～!
(友達との飲み会で)	우리의 영원한 우정을 위하여～!

感嘆詞「어디」 🔊 50

＊「어디」は、「どこ」の意味以外に「どれ」のような感嘆詞として用いられることもあります。

① 어디, 좀 보여 주세요.	どれ、ちょっと見せてください。
② 어디, 맛 좀 볼까요?	どれ、ちょっと味見してみましょうか。
③ 어디, 만들어 보자.	よし！作ってみよう。
④ 어디, 한번 검색해 보세요.	（どれ）一度検索してみてください。
⑤ 어디 어디, 이쪽이 더 좋네요.	どれどれ！こちらの方がよりいいですね。

10課 十 과 모자를 쓰니까 참 멋져 보여요
帽子をかぶるととても素敵に見えます

この課の目標：【発見したこと】について話してみましょう！

모리 : 1 민지 누나, 오랜만이에요.

2 우아, 노란색 원피스를 입으니까 더 예뻐 보이네요.

민지 : 3 그런 말을 들으니까 너무 기분이 좋은데요.

모리 : 4 그 목걸이도 너무 잘 어울리는 것 같아요.

민지 : 5 고마워요.

6 모리 씨도 그 까만 모자를 쓰니까 참 멋져 보여요.

7 못 보던 건데 어디서 샀어요?

모리 : 8 일본에 계시는 부모님께서 보내 주신 거예요.

---

1 民智さん、お久しぶりです。
2 わ、黄色のワンピースを着るとよりきれいに見えますね。
3 そう言われると（←そのような言葉を聞くと）とても気分がいいですね。
4 そのネックレスもとても良く似合っていると思います。
5 ありがとうございます。
6 森さんもその黒の帽子をかぶるととても素敵に見えます。
7 見たことないのですが、どこで買いましたか。
8 日本にいる（←いらっしゃる）両親が送ってくれた（←くださった）ものです。

- **노란색**：黄色

  「노란」＋「색 色」 ㅎ変則

  「노랗다 黄色い」の現在連体形

- **입으니까**：着ると、着たら

  基 입다 着る

- **예뻐 보이네요**：きれいに見えますね ㅡ変則

  基 예쁘다 きれいだ

- **그런**：そのような〜、そういう〜 ㅎ変則

  「그렇다 そのようだ、そうだ」の現在連体形

- **들으니까**：聞くと、聞いたら ㄷ変則

  基 듣다 聞く

- **까만색**：黒い色

  「까만」＋「색 色」 ㅎ変則

  「까맣다 真っ黒い」の現在連体形

- **쓰니까**：(帽子など) かぶると、かぶったら

  基 쓰다 かぶる、書く、使う、苦い

- **멋져 보여요**：素敵に見えます

  基 멋지다 素敵だ

- **못 보던 건데**：見たことないのですが (←見る
  ことができなかったものですが)

  「못 보던 것인데」の略語

文型1 ● 〜(으)니까 🔊 52

〜(す)ると、〜(し)たら 〈発見の表現〉

- 原因や理由、根拠を表す以外に、動作や状況の前置きを表すこともあります。

  この場合、前の行為が行われた結果、後ろの事実を発見したという意味になります。

- 母音語幹・ㄹ語幹（ㄹパッチム脱落）＋니까 / 子音語幹＋으니까

例) ① 여기에 오니까 기분이 참 좋네요.　　　ここに来たらとても気分がいいですね。

　　② 운동화를 신으니까 발이 편안하네요.　　運動靴を履いていると足が楽ですね。

　　③ 창밖을 보니까 눈이 오고 있었어요.　　窓の外を見たら雪が降っていました。

　　④ 전화를 받으니까 끊었어요.

　　　　電話に出たら切れました (←電話を受けたら (相手が) 切りました)。

　　⑤ 벽을 파랗게 칠하니까 시원해 보이네요.　壁を青く塗ると涼しそうに見えますね。

例のように、「〜(으)니까」を用いて、文を完成させましょう。

例) <u>만나 보다</u> / 멋진 사람이었어요.　→　<u>만나 보니까 멋진 사람이었어요.</u>

会ってみると素敵な人でした。

(1) 일어나다 / 오후 1시였어요.　　　→ _____

(2) 실제로 사용해 보다 / 별로네요.　→ _____

(3) 창문을 열다 / 밖이 뿌옜어요.　　→ _____

(4) 백화점에 가다 / 바겐세일이었어요. → _____

文型2 ● 〜아/어 보이다　　〜(よう/そう)に見える、〜く見える 🔊 53

- 形容詞や存在詞に付きます。
- 陽母音語幹＋아 보이다 / 陰母音語幹＋어 보이다

例) ① 요즘 숙제가 많아 보이네요.　　　最近、宿題が多いように見えますね。

　　② 저 사람은 언제 봐도 젊어 보여요.　あの人はいつ見ても若く見えます。

　　③ 오늘은 시간이 없어 보였어요.

　　　今日は時間がなさそうでした (←ないように見えました)。

　　④ 그렇게 커 보이지는 않아요.　　　そんなに大きくは見えません。

　　⑤ 생각보다 안 어려워 보였어요.　　思ったより難しそうに見えませんでした。

① 例のように、「〜아/어 보여요」を用いて、文を完成させましょう。

例) **나이보다 어리다**　→　**나이보다 어려 보여요.** 年齢より若く (←幼く) 見えます。

(1) 매일 바쁘다　　　→ _____

(2) 여유가 있다　　　→ _____

(3) 사이가 좋다　　　→ _____ *사이 仲

(4) 너무 빨갛다　　　→ _____

(5) 얼굴이 조그맣다　→ _____ *조그맣다 (やや) 小さい

② 例のように、「〜아/어 보였어요」を用いて、文を完成させましょう。

例）아주 피곤하다　　→　아주 피곤해 보였어요. とても疲れているように見えました。

（1）성격이 밝다　　→ _____.

（2）고민이 없다　　→ _____.

（3）의견이 다르다　→ _____.

（4）시험 문제가 쉽다 → _____.

（5）기분이 어떻다　→ _____?

커피
브레이크

ㅎ 変則活用

（1）語幹末がパッチムㅎ (히읗) で終わる形容詞（「좋다 良い」を除く）

　例）빨갛다 赤い、까맣다 黒い、이렇다 こうだ、그렇다 そうだ、저렇다 ああだ、어떻다
　　　どうだ 等

★ 注意ポイント：動詞及び좋다は規則的な活用をします。

　例）좋다 良い、놓다 置く、닿다 着く、쌓다 積む、넣다 入れる、낳다 生む 等

（2）活用の特徴

「으」で始まる語尾が続くと、「ㅎ」と「으」が脱落し、「아/어」で始まる語尾が続くと、「ㅎ」
と「その直前の母音」が脱落するとともに、「아/어〜」が「애〜」に変化します。

★ 注意ポイント：語幹末の母音が陽母音、陰母音、いずれのときもㅐになります。

但し、語幹末の母音が「야」の場合は「얘」、「여」の場合は「예」となります。

　例）「하얗다 白い」→「하얘〜」、「뿌옇다 (不透明に) かすんでいる」→「뿌예〜」

語尾のタイプ 基本形	子音語尾（Ⅰ） 〜고	으語尾（Ⅱ） 〜(으)면	아/어語尾（Ⅲ） 〜아/어요
例）노랗다　黄色い	노랗고	노라면	노래요
（1）그렇다　そうだ			
（2）하얗다　白い			
（3）빨갛다　赤い			
（4）좋다　良い （規則活用）	좋고	좋으면	좋아요

例）이것도 노랗고 저것도 노래요. これも黄色くてあれも黄色いです。

1 例のように、関連のあるものを線でつないで文を完成させましょう。

例) **그 옷을 입으니까** ・　　　　　　・ 키가 커 보이네요.

（1）그 신발을 신으니까　・　　　　　　・ 사이가 좋아 보였어요.

（2）그 그릇에 담으니까　・　　　　　　・ **젊어 보여요.**

（3）직접 만들어 보니까　・　　　　　　・ 방이 훨씬 넓어 보여요.

（4）두 사람을 만나 보니까 ・　　　　　　・ 더 맛있어 보이네요.

（5）침대 위치를 바꾸니까 ・　　　　　　・ 너무 힘든 작업이었어요.

2 音声を聞いて（　　）の中に書き入れて、会話を完成させましょう。　🔊 54

진수 : ① 미키 씨, 빨간 옷을 （　　　　　　　） 얼굴이 더 （　　　　　　　）.

미키 : ② 그래요? 옷이 너무 （　　　　　　　　　）?

진수 : ③ 아뇨, （　　　　　　　　） 좋은데요.

미키 : ④ 진수 씨도 파란 테 안경을 （　　　　　　） 아주 （　　　　　　　）.

진수 : ⑤ 정말요? 저도 기분이 좋네요.

＊화려하다 華麗だ・派手だ、화사하다 華やかだ、 파란 테 안경 青い縁のメガネ

3 （　　　　）の中をいろいろ変えて質問し、隣の人（あるいは先生）と話してみましょう。

（1）실제로 (알바)를 / 을 해 보니까 어때요?

　　実際に（バイト）をやってみて（←みたら）どうですか。

（2）그 (블라우스) (입어) 보니까 어땠어요?

　　その（ブラウス）（着て）みて（←みたら）どうでしたか。

4 次のフレーズを覚えましょう。  55

A：저 탤런트 어때 보여요?   あのタレント、どう（←どのように）見えますか。

B：<u>착해 보이네요</u>.   いい人に（←善良そうに）見えますね。

（Bに置き換えて言ってみましょう）

① 믿음직스러워 보이네요.   頼もしそうに見えますね。

② 참 순해 보이네요.   本当に穏やかそうに見えますね。

③ 머리가 굉장히 좋아 보여요.   頭がものすごく良さそうに見えます。

④ 그냥 그래 보여요.   まあまあに見えます。

⑤ 아주 건강해 보이네요.   とても健康そうに見えますね。

⑥ 인상이 나빠 보이지 않네요.   印象が悪そうに見えませんね。

11課
십일 과
하면 할수록 재미있어져요
すればするほど楽しくなります

この課の目標：【変化】について話してみましょう！

🔊 56

모리 : **1** 한국어 공부는 하면 할수록 되게 재미있어져요.

튜터 : **2** 특히 어떤 점이 그래요?

모리 : **3** 한자어가 많이 들어 있으니까 외우기가 편해요.

튜터 : **4** 그렇겠네요. 구체적으로 어떤 식으로 공부해요?

모리 : **5** 한자어로 끝말잇기를 하면서 단어를 외우고 있어요.

　　　 6 예를 들어서, 음악부터 시작하면 "음악 → 악기 → 기

　　　 재 → 재목 → 목마 …"

---

1 韓国語の勉強はすればするほどとても楽しくなります。
2 特にどういう点がそうなんですか。
3 漢字語がたくさん入っているので、覚えやすいです。
4 なるほど（←そうでしょうね）。具体的にどういうふう
　　に勉強していますか。
5 漢字語でしりとりをしながら単語を覚えています。
6 例えば、音楽から始めると、音楽 → 楽器 → 器材 → 材
　　木 → 木馬…。

発音

3 한자어가 [한짜어가] 濃

4 그렇겠네요
　　[그러켄네요] 激 鼻

5 끝말잇기
　　[끈말릳끼] 鼻 ㄴ添 流 濃

6 시작하면 [시자카면] 激

語彙

- **할수록**：するほど
  圏 하다 する

- **되게**：すごく、とても、たいへん

- **재미있어져요**：面白くなります、楽しくなります
  圏 재미있다 面白い、楽しい

- **특히【特히】**：特に

- **어떤**：どのような〜、どんな〜　ㅎ変則
  「어떻다 どのようだ、どうだ」の現在連体形

- **그래요.(?)**：そう（なん）です（か）　ㅎ変則
  圏 그렇다 そのようだ、そうだ

- **한자어【漢字語】**：漢字語

- **외우기가 편해요**：覚えやすいです
  「외우다 覚える」「〜기(가) 편하다 〜（し）
  やすい（←することが楽だ）」

- **구체적으로【具体的으로】**：具体的に
  「〜적으로　〜的に」

- **어떤 식으로**：どういうふうに、どんな感じで
  「〜 식으로【式으로】〜式に、〜ふうに」

- **끝말잇기**：しりとり

- **예를 들어서**：例えば　「예【例】」

文型1 ● 〜(으)ㄹ수록　〜（す）るほど、〜であるほど

🔊 57

- 母音語幹・ㄹ語幹（ㄹパッチム脱落）＋ㄹ수록 / 子音語幹＋을수록
- 名詞に付く場合は「〜일수록」となります。
- 「〜(으)면〜（す）れば」と共に用いられることも多いです。

例)　① 만날수록 호감이 가는 사람이에요.

（会えば）会うほど好感が持てる（←行く）人です。

② 저는 칭찬을 받을수록 더 열심히 하는 타입이에요.

私は褒められるほど頑張れる（←熱心にする）タイプです。

③ 심플할수록 쓰기 편한 것 같아요.

シンプルで（あれば）あるほど使いやすいと思います。

④ 값은 싸면 쌀수록 좋아요.　値段は安ければ安いほどいいです。

⑤ 친한 사이일수록 예의를 지켜야 돼요.

親しい仲（である）ほど礼儀を守らなければなりません（→親しい仲にも礼儀あり）。

練習 1

1 次の単語や語句を「～(으)면 ～(으)ㄹ수록」の文型にしてみましょう。

(1) 넓다　広い　　　　　→ _____

(2) 따뜻하다　暖かい　　→ _____

(3) 늘다　伸びる、増える　→ _____

(4) 맵다　辛い　　　　　→ _____

(5) 노랗다　黄色い　　　→ _____

(6) 가족이다　家族である → _____

(7) 자기 일이 아니다　自分の（仕）事ではない

　　　→ _____

2 例のように、「～(으)ㄹ수록」を用いて、文を完成させましょう。

例) 달다 / 좋아요.　→　달수록 좋아요.　甘いほどいいです。

(1) 정보는 빠르다 / 좋지 않아요?　　　　　　　　　＊빠르다 速い

　　→ _____

(2) 잠은 자다 / 계속 졸려요.

　　→ _____

(3) 뭐든지 많다 / 좋은 걸까요?　　　　　　　　　　＊뭐든지 何でも

　　→ _____

(4) 나이가 들다 / 친구가 소중한 것 같아요.　　　　＊소중하다 大事だ

　　→ _____

(5) 이 노래는 듣다 / 좋아요.

　　→ _____

(6) 좋은 물건이다 / 잘 팔려요.

　　→ _____

文型2 ● ～아/어지다　　　　～くなる、～になる
🔊 58

・形容詞の語幹に付いて、状態の変化を表します。

・「陽母音語幹＋아지다」、「陰母音語幹＋어지다」

例) ① 내일부터는 일이 바빠져요.　明日からは仕事が忙しくなります。

　　② 날씨가 많이 더워졌어요.　天気がとても暑くなりました。

　　③ 몸 상태가 조금씩 좋아지고 있어요.

　　　　体の具合（←状態）が少しずつ良くなってきています。

　　④ 깨끗해진 방을 보니까 기분도 상쾌해지네요.

　　　　きれい（←清潔）になった部屋を見ると気分も爽やか（←爽快）になりますね。

※ 名詞に付く「～になる」は「～가/이 되다」になります。

　　例) 친구가 되고 싶어요.　友達になりたいです。

練習2

① 例のように、「～아/어지고 있어요」を用いて文を完成させましょう。

　　例) **점점 예쁘다**　　　→ **점점 예뻐지고 있어요.**　だんだん綺麗になってきています。

　　（1）숙제가 계속 많다　 →　＿＿＿＿＿＿＿＿＿＿＿＿＿＿＿＿＿＿＿

　　（2）성적이 날로 좋다　 →　＿＿＿＿＿＿＿＿＿＿＿＿＿＿＿＿＿＿＿ ＊날로 日に日に

　　（3）물가가 계속 비싸다　→　＿＿＿＿＿＿＿＿＿＿＿＿＿＿＿＿＿＿＿

　　（4）드라마가 점점 재미있다 →　＿＿＿＿＿＿＿＿＿＿＿＿＿＿＿＿＿

　　（5）문법이 점점 어렵다　 →　＿＿＿＿＿＿＿＿＿＿＿＿＿＿＿＿＿＿

② 例のように、「～아/어졌어요」を用いて文を完成させましょう。

　　例) **교통이 매우 편리하다**　→ **교통이 매우 편리해졌어요.** 交通がとても便利になりました。

　　（1）내용이 더 복잡하다　 →　＿＿＿＿＿＿＿＿＿＿＿＿＿＿＿＿＿＿

　　（2）피부가 조금 하얗다　 →　＿＿＿＿＿＿＿＿＿＿＿＿＿＿＿＿＿＿

　　（3）두 사람 사이가 멀다　 →　＿＿＿＿＿＿＿＿＿＿＿＿＿＿＿＿＿＿

　　（4）속도가 빠르다　　　 →　＿＿＿＿＿＿＿＿＿＿＿＿＿＿＿＿＿＿

　　（5）배가 고프다　　　　 →　＿＿＿＿＿＿＿＿＿＿＿＿＿＿＿＿＿＿

応用練習

① 例のように、関連のあるものを線でつないで文を完成させましょう。

例）그 사람은 만나면 만날수록 ・   ・발음이 좋아져요.

（1）연습을 하면 할수록 ・   ・다리가 튼튼해져요.

（2）경기가 좋으면 좋을수록 ・   ・**좋아져요.**

（3）놀면 놀수록   ・   ・땅값이 비싸져요.

（4）걸으면 걸을수록   ・   ・실수가 많아져요.

（5）서두르면 서두를수록 ・   ・계속 더 놀고 싶어져요.

② 音声を聞いて（　　　）の中に書き入れて、会話を完成させましょう。 🔊 59

진수：① 한국어 공부는 잘되고 있어요?

미키：② 네. 한국어 공부는 (　　　　　　　　) 너무 (　　　　　　　　).

진수：③ 잘됐네요. 저도 일본은 (　　　　　　　) 더 (　　　　　　　).

미키：④ 특히 어떤 점이 좋아요?

진수：⑤ 음식은 (　　　　　　) 맛있고, 사람들은 (　　　　　　) 참 친절해서 좋아요.

③ 例のように、▭の表現を用いて、隣の人（あるいは先生）と話してみましょう。

例）Q：한국말을 배우고 달라진 점이 있어요?　韓国語を学んで変わった点はありますか？

  A：한국인 친구가 많아졌어요.

> ① 한국인 친구가 많다
>
> ② 한국 영화 / 드라마 / TV가 재미있다
>
> ③ 한국 여행이 더 즐겁다
>
> ④ 매일매일이 바쁘다
>
> ⑤ 화젯거리가 풍부하다　話題（の種）が豊富だ
>
> ⑥ 새로운 문화를 많이 접하다（「〜게 되다」を用いる）
>
> ＊새로운 新しい〜、 접하다 接する

70

4 次のフレーズを覚えましょう。 🔊 60

（１）말잇기 놀이 동요 (しりとりの童謡)

> ♪원숭이 엉덩이는 빨개 → ♪빨가면 사과 →
>
> ♪사과는 맛있어 → ♪맛있으면 바나나 → ♪바나나는 길어 →
>
> ♪길면 기차 → ♪기차는 빨라 → ♪빠르면 비행기 →
>
> ♪비행기는 높아 → ♪높으면 백두산…
>
> *원숭이 猿、엉덩이 尻、기차 汽車、비행기 飛行機、백두산 ペクトゥサン【白頭山】

（２）しりとりのフレーズ

> 보면 볼수록 사랑스러워져요.
> ↓
> 사랑하면 할수록 예뻐져요.
> ↓
> 예뻐지면 예뻐질수록 기분이 좋아져요.

「～しやすい」と「～しにくい」のいろいろ

～しやすいです	～しにくいです
～기 편해요	～기 힘들어요
～기 쉬워요	～기 어려워요
～기 좋아요	～기 나빠요

例) ① 이 야채 녹즙은 마시기 편해요. / 힘들어요.

この野菜の青汁は飲みやすいです。/ 飲みにくいです。

② 이 참고서는 알기 쉬워요. / 어려워요.

この参考書は分かりやすいです。/ わかりにくいです。

③ 그 볼펜은 쓰기 좋아요. / 나빠요.

そのボールペンは書きやすいです。/ 書きにくいです。

71

12課 십이 과 김밥을 만들려고 했는데
海苔巻きを作ろうとしたのに

この課の目標：【失敗したこと】について話してみましょう！

🔊 **61**

모리 : **1** 실은 어제 난생처음으로 김밥을 만들어 봤어요.

동료 : **2** 첫 도전이네요. 성공했어요?

모리 : **3** 그게… 한국식 김밥을 만들려고 했는데 일본식 김밥
이 돼 버렸어요.

동료 : **4** 한국식하고 일본식은 어떻게 다른데요?

모리 : **5** 한국은 보통 밥에다가 참기름을 넣잖아요.

6 근데 깜빡 식초를 넣고 말아서 일본식이 돼 버렸어요.

동료 : **7** 괜찮아요.

8 최근엔 한국에서도 식초를 넣는 사람이 있는 것 같아요.

1 実は昨日生まれて初めて海苔巻きを作ってみました。
2 初挑戦ですね。成功しましたか。
3 それが… 韓国式の海苔巻きを作ろうとしたのに日本式
の海苔巻きになってしまいました。
4 韓国式と日本式はどのように違うんですか。
5 韓国は普通ご飯にごま油を入れるじゃないですか。
6 なのにうっかり酢を入れてしまって日本式になってしま
いました。
7 大丈夫です。
8 最近は韓国でもお酢を入れる人がいるようです。

発音

3 했는데 [핸는데] 🈁

5 넣잖아요 [너차나요]
🈁 🈁

6 넣고 [너코] 🈁

8 넣는 [넌는] 🈁

- **실은**【実은】：実は
- **난생처음**【난생처음】：生まれて初めて
- **첫**：初の、最初の
  「첫 도전 初(の)挑戦」「첫 수업 最初の授業」
- **한국식**【韓国式】：韓国式
- **성공했어요.(?)**：成功しました（か）
  基 성공하다 成功する
- **만들려고 했는데**：作ろうとしたのに、
  作ろうと思ったが
  基 만들다 作る
- **돼 버렸어요**：なってしまいました
  基 되다 なる
- **일본식**【日本式】：日本式

- **보통**【普通】：普通
- **~에다(가)**：(場所や追加を表す) ～に〈助詞〉
- **참기름**：ごま油
- **넣잖아요**：入れるじゃないですか、
  入れるでしょう
  基 넣다 入れる
- **깜빡**：うっかり
- **식초**【食醋】：酢
- **넣고 말아서**：入れてしまって
  基 넣다 入れる
- **넣는**：入れる～
  「넣다 入れる」の現在連体形

文型1 ● ~(으)려고　　　　　~(し)ようと

🔊 62

- ある行動をする意図や気持ち、計画があることを表します。
- 있다 (いる) や動詞に付きます。　母音語幹・ㄹ語幹＋려고 / 子音語幹＋으려고
- 「하다」を伴って「~(으)려고 하다　~(し) ようとする / 思う」の意味で用いられることも多いです。

例) ① 사과를 깎으려고 과도를 찾고 있어요.　　　　　　　　＊과도【果刀】果物ナイフ
　　　 リンゴをむこうと（思って）果物ナイフを探しています。

　　② 세계 일주 여행을 가려고 적금을 붓고 있어요.　　　　　＊적금【積金】積立金
　　　 世界一周旅行に行こうと（思って）積立金を払い込んでいます。

　　③ 꿈을 이루려고 꾸준히 노력하고 있어요.　夢を叶えようとコツコツと努力しています。

　　④ 내일은 집에서 푹 쉬려고 해요.　　　　　明日は家でゆっくり休もうと思います。

　　⑤ 그러려고 했는데…　　　　　　　　　　そうしようとしたのですが…

練習 1

1 下線部を「〜(으)려고 해요.」を用いて文を完成させましょう。

(1) 지금부터 만들다　　　→ ＿＿＿＿＿＿＿＿＿＿＿＿＿＿＿＿＿＿＿＿

(2) 그냥 껍질째 먹다　　　→ ＿＿＿＿＿＿＿＿＿＿＿＿＿＿＿＿＿＿　＊껍질째 皮ごと

(3) 혼자서 찾아가다　　　→ ＿＿＿＿＿＿＿＿＿＿＿＿＿＿＿＿＿＿＿＿

(4) 친구 대신에 말하다　→ ＿＿＿＿＿＿＿＿＿＿＿＿＿＿＿＿＿＿＿＿

(5) 모르는 게 있어서 선생님께 여쭈어보다　　　　　　　＊여쭈어보다 伺ってみる

　　 → ＿＿＿＿＿＿＿＿＿＿＿＿＿＿＿＿＿＿＿＿＿＿

2 例のように、「〜(으)려고 하는데/했는데」を用いて、日本語に合うように文を完成させましょう。

例) 같이 가려고 하다 / 시간이 안 맞아요.

　　 → 같이 가려고 하는데 시간이 안 맞아요.＿＿＿＿＿＿＿＿＿＿＿＿＿

　　　　一緒に行こうと思いますが、時間が合いません。

(1) 친구랑 룸 셰어를 하다 / 좋은 방이 없네요.

　　 → ＿＿＿＿＿＿＿＿＿＿＿＿＿＿＿＿＿＿＿＿＿＿＿＿＿＿＿＿

　　　　友達とルームシェアをしようと思っていますが、良い部屋がありません（ね）。

(2) 전철을 타다 / 정기권이 없었어요.

　　 → ＿＿＿＿＿＿＿＿＿＿＿＿＿＿＿＿＿＿＿＿＿＿＿＿＿＿＿＿

　　　　電車に乗ろうとしましたが、定期券がありませんでした。

(3) 모르는 사람을 돕다 / 용기가 잘 안 나요.

　　 → ＿＿＿＿＿＿＿＿＿＿＿＿＿＿＿＿＿＿＿＿＿＿＿＿＿＿＿＿

　　　　知らない人を助けようと思うのですが、勇気がなかなか出ません。

(4) 길을 묻다 / 한국말이 생각이 안 났어요.

　　 → ＿＿＿＿＿＿＿＿＿＿＿＿＿＿＿＿＿＿＿＿＿＿＿＿＿＿＿＿

　　　　道を尋ねようとしましたが、韓国語が思い出せませんでした。

(5) 전화를 걸다 / 배터리가 떨어져서 못했어요.

　　 → ＿＿＿＿＿＿＿＿＿＿＿＿＿＿＿＿＿＿＿＿＿＿＿＿＿＿＿＿

　　　　電話をかけようとしましたが、バッテリーが切れて出来ませんでした。

文型2 ● ～아/어 버리다　　　～(し)てしまう

🔊 63

- ある行為の結果に対する残念な気持ちや、すっきりした気持ちを表します。
- 動詞の語幹に付きます。「陽母音語幹＋아 버리다」、「陰母音語幹＋어 버리다」

例)　① 아주 맛있어서 깨끗이 다 먹어 버렸어요.

とても美味しかったので、きれいに全部食べてしまいました。

② 너무나 예쁜 메모지가 있어서 사 버렸어요.

とてもきれいなメモ用紙があったので、買ってしまいました。

● ～고 말다　　　～(し)てしまう

- 計画、意図していなかったことをして、その結果が不本意なものだということを表します。
- 動詞の語幹に付きます。

例)　① 남기려고 했는데 다 먹고 말았어요.

残そうと思いましたが、全部食べてしまいました。

② 결국에는 막차를 놓치고 말았어요.　　　＊막차 終電、終バス

結局は終電に乗り遅れて（←終電を逃して）しまいました。

練習2

① 例のように、「～아/어 버리다」を用いて文を完成させましょう。

例)　목이 말라서 한숨에 마시다　　→　목이 말라서 한숨에 마셔 버렸어요.

のどが渇いたので一気に飲んでしまいました。

（1）리포트를 1시간 만에 다 쓰다　→ _____

（2）영화 3편을 하루에 다 보다　→ _____

（3）밤이 늦어서 모두 집에 가다　→ _____

（4）오빠가 내 과자를 다 먹다　→ _____

2 例のように、「~고 말다」を用いて文を完成させましょう。

例）오늘도 늦잠을 자다　→　오늘도 늦잠을 자고 말았어요.

今日も朝寝坊をしてしまいました。

（1）감기에 걸리다

→ _____

（2）친한 친구와 말다툼을 하다　　　　　　　　　　　　　＊말다툼 口喧嘩

→ _____

（3）처음 간 곳이라서 길을 헤매다

→ _____

（4）버스가 떠나 버리다

→ _____

応用練習

1 例のように、関連のあるものを線でつないで文を完成させましょう。

例) **만나서 말하려고 했는데**　・　　・비가 억수같이 내리네요.

（1）책을 빌리려고　　　　　　・　　・강가로 나갔어요.

（2）집을 나서려고 하는데　　・　　・근처 도서관에 갔어요.

（3）풍경화를 그리려고　　　　・　　・**결국은 못하고 말았어요.**

（4）보리차를 끓이려고 했는데 ・　　・서류를 준비하고 있어요.

（5）회의를 하려고　　　　　　・　　・깜빡하고 말았어요.

＊억수같이 滝のように、강가 川岸、풍경화 風景画、보리차 麦茶

2 音声を聞いて（　　　）の中に書き入れて、会話を完成させましょう。　🔊 64

진수：① 이번엔 꼭 운전 면허증을 (　　　　　　　　　) 좀 걱정이에요.

미키：② 걱정할 거 없어요. 마음 편히 가지세요.

진수：③ 실은 지난번에 도로 주행 시험에서 (　　　　　　　　　).

미키：④ 너무 아깝네요.

진수：⑤ 그래서 이번엔 무슨 일이 있어도 꼭 (　　　　　　　　　).

＊운전 면허증【運転免許証】、마음 편히 気を楽に、도로 주행 시험【道路走行試験】

3 例のように、◯◯の表現を用いて、隣の人（あるいは先生）と話してみましょう。

例) Q：이번 방학에는 뭐 할 계획이에요?　今度の休みには何（を）する計画ですか。

A：<u>한국에 한 달 동안 어학연수를 가려고 해요.</u>

韓国に１カ月間語学研修に行こうと思います。

> ① 한국에 한 달 동안 어학연수를 가다
>
> ② 친구와 배낭여행을 가다　　③ 한국말을 마스터하다
>
> ④ 바리스타 과정을 수강하다　　⑤ 자격증을 하나 따다
>
> ⑥ 한국 책을 한 권 읽다　　　　⑦ 방을 새로 꾸미다

＊배낭여행 バックパック旅行、마스터하다 マスターする、바리스타 バリスタ、과정 過程、수강하다 受講する、
　자격증 資格（証）、따다 とる、새로 新しく、꾸미다 飾る

4 意図や計画を表すフレーズを覚えましょう。 🔊 65

Q：(何かを手にしている相手に対して) **그거 어떻게 하려고요?**

それ、どうするつもりですか（←どうしようと）。

┌ A１：친구한테 주려고요.　　　　友達にあげようと思いまして。

│ A２：나중에 필요할 때 쓰려고요.　後で必要な時、使おうと思いまして。

│ A３：화분에 심으려고요.　　　　植木鉢に植えようと思いまして。

└ A４：여동생한테 보여 주려고.　妹に見せてあげようと思って。

助詞「〜에다가　〜に」(会話体) 🔊 66

＊場所や追加を表す「〜에　〜に」は、会話では「〜에다가」を用いることもあります。
「〜에다가」の「가」はよく省略されます。

> ① A：빵에다(가) 버터를 바를까요?　パンにバターをぬりましょうか。
>
> 　　B：네, 발라 주세요.　　　　　　はい、ぬってください。
>
> ② 오늘 밥상은 고기에다(가) 생선에다(가) 찌개에다(가) 정말 진수성찬이네요.
>
> 　　今日の食卓はお肉にお魚にチゲ鍋に、本当にすごいご馳走ですね。
>
> ③ 방에다(가) 놔뒀어요.　　　　　部屋に置いておきました。
>
> ④ 여기(에) 다(가) 두세요.　　　　ここに置いてください。

한국에 온 지 얼마나 됐나요?

韓国に来てからどれくらい経ったのでしょうか

この課の目標：【時間の経過】について話してみましょう！

🔊 67

지인 : 1 한국에 **온 지** 얼마나 **됐나요**?

모리 : 2 거의 2년 돼 가는데요.

지인 : 3 한국은 어디 어디 가 봤어요?

모리 : 4 서울은 거의 다 둘러봤는데 지방은 아직 못 가 본 데

가 많아요.

지인 : 5 온 지 얼마 안 됐는데 많이 다녔네요.

모리 : 6 그렇지도 않아요.

7 제 목표는 한 달에 한 번 여행을 가는 건데 잘 안되네요.

---

1 韓国に来てからどれくらい経ったのでしょうか
（←なったのでしょうか）。
2 ほぼ2年経ちますが（←なっていくのですが）。
3 韓国はどこどこ（へ）行ってみましたか。
4 ソウルはほぼ全部回りましたが、地方はまだ行っ
ていない所が多いです。
5 来て間もないのに（←いくらも経っていないのに）
たくさん回りましたね。
6 そうでもないんです。
7 私の目標はひと月に一度旅行に行くことですが、
うまくいかないですね。

発音

1 됐나요 [됀나요] 🅱
2 거의 [거이]
4 둘러봤는데 [둘러봔는데] 🅱
5 됐는데 [됀는데] 🅱
5 다녔네요 [다년네요] 🅱

- **온 지**：来てから

  墓 오다 来る

- **됐나요?**：経ったのでしょうか、なったのでしょうか　墓 되다 なる

- **거의**：ほぼ、ほとんど

- **돼 가는데요**：経ちますが、なっていくのですが

  「돼 가다 なっていく」

- **지방【地方】**：地方

- **얼마 안 됐는데**：間もないのに、いくらも経っていないのに

  「(~(으)ㄴ 지) 얼마 안 되다　(~(し)て) 間もない」

- **목표【目標】**：目標

文型1 ● ~(으)ㄴ 지　～(し)てから、～(し)て以来

🔊 68

- ある出来事や動作が行われた時から今までの時間の経過を表します。
- 動詞の過去連体形＋지 ⇒ 母音語幹・ㄹ語幹（ㄹ脱落）＋ㄴ 지 / 子音語幹＋은 지
- 「~(으)ㄴ 지」の後には期間を表す表現が続き、「되다 なる」「지나다 過ぎる」「넘다 超える」のような動詞とともによく用いられます。

例）　① 한국어를 배운 지 2년이 됐어요.　韓国語を習ってから2年になりました。

　　② 이 집에서 산 지도 오래됐습니다.

　　　　この家で暮らし（始め）てから（も）だいぶ経ちました（←長くなりました）。

　　③ 연락을 주고받은 지가 1년이 지났어요.

　　　　連絡を取り合ってから（が）1年が経ちました（←過ぎました）。

　　④ 못 본 지 벌써 10년이 넘었어요.

　　　　会って（←会えなくなって）からもはや10年が過ぎました（←超えました）。

　　⑤ 서로 알게 된 지 얼마 안 돼요.　互いに知り合ってから間もないです。

練習1

① 例のように、「〜(으)ㄴ 지 〜가/이 됐어요」を用いて文を完成させましょう。

例） **이 회사에 다니다 / 5년** → **이 회사에 다닌 지 5년이 됐어요.**

この会社に勤めてから５年になりました。

（1）일본에 오다 / 2주일

→ _____

（2）이 건물은 짓다 / 한 30년   *한 約

→ _____

（3）우리가 사귀다 / 딱 100일   *딱 ちょうど

→ _____

（4）이 수업을 듣다 / 8개월

→ _____

（5）그 친구를 소개 받다 / 한 달 반 정도

→ _____

② 例のように、「〜(으)ㄴ 지」を用いて文を完成させましょう。

例） **그 친구를 알게 되다 / 2년이 지나가요.**

→ **그 친구를 알게 된 지 2년이 지나가요.**

その友達に知り合ってから２年が経ちます。

（1）한국에 갔다 오다 / 일주일밖에 안 지났는데, 또 가고 싶어요.

→ _____

（2）외국에서 사시다 / 얼마나 되셨어요?

→ _____

（3）화분에 꽃을 심다 / 아마 2달쯤 될 거예요.   *심다 植える

→ _____

（4）반려동물과 함께 지내다 / 4년째예요.   *반려동물 ペット（←伴侶動物）

→ _____

（5）눕다 / 3분도 안 지났어요.

→ _____

文型2 ● 〜나요?　　〜(の)ですか、〜(の)でしょうか
〈婉曲的な疑問形〉 🔊 69

・動詞（ㄹ語幹はㄹが脱落）や存在詞の語幹及び時制補助語幹（〜았/었）に付きます。

例）① 언제 만나나요?　　　　　いつ会うのですか。
　　② 이 물건 재고 있나요?　　　この品物、在庫あるのでしょうか。
　　③ 오늘은 회사에 늦게까지 계시나요?　今日は会社に遅くまでいらっしゃるのですか。
　　④ 벌써 끝났나요?　　　　　もう終わったのでしょうか。

● 〜(으)ㄴ가요?　　〜(なの)ですか、〜(の)でしょうか
〈婉曲的な疑問形〉

・形容詞の母音語幹・ㄹ語幹（ㄹ脱落）＋ㄴ가요? / 子音語幹＋은가요?
・名詞に付く指定詞の場合：이다 → 인가요? / 아니다 → 아닌가요?

例）① 사람들이 많은가요?　　　人々が多いのですか。
　　② 바지 길이가 긴가요?　　　ズボンの長さ（丈）が長いのでしょうか。
　　③ 무슨 뜻인가요?　　　　　どういう（←何の）意味なのですか。
　　④ 이거 우리 거 아닌가요?　これ私達のものではないのですか。

練習2

1 例のように、「〜나요?」を用いて文を完成させましょう。

例）**언제 가다**　　　　　　 → 　**언제 가나요?**　いつ行くのですか。

（1）평상시 뭘 자주 먹다　→ _____

（2）카메라를 가지고 있다　→ _____

（3）몇 시에 출발하시다　→ _____

（4）입맛이 없다　　　　→ _____

（5）벌써 떠났다　　　　→ _____

（6）한국 여행은 즐거웠다　→ _____

2 例のように、「～(으)ㄴ가요?」を用いて文を完成させましょう。

例) **요즘 많이 바쁘다**　　→　요즘 많이 바쁜가요?　この頃とても忙しいのでしょうか。

（1）안 힘들다　　　　　　→　_____

（2）집이 역에서 가깝다　→　_____

（3）바빠서 그렇다　　　　→　_____

（4）이 신발은 얼마이다　→　_____

（5）일본 분이시다　　　　→　_____

（6）친언니가 아니다　　　→　_____
　　　　　　　　　　　　　　　　　　　　　　　　　　　　　　　　　　　　　＊친언니 実の姉

応用練習

1 例のように、関連のあるものを線でつないで文を完成させましょう。

例) **두 분은**　　　　　　　　・　　　　　・좋아졌나요?

（1）학교 성적이　　　　　　・　　　　　・잘되시나요?

（2）최근에는 장사가　　　　・　　　　　・**동갑이신가요?**　　　＊동갑 同い年

（3）한국 날씨가 일본보다　・　　　　　・재미없었나요?

（4）얘기가 너무　　　　　　・　　　　　・추운가요?

（5）제가 말이 좀　　　　　　・　　　　　・빠른가요?

2 音声を聞いて（　　　）の中に書き入れて、会話を完成させましょう。　🔊 70

진수 : ① 한국말 (　　　　　　　) 얼마나 (　　　　　　　　)?

미키 : ② 이제 1년 반쯤 (　　　　　　　　).

진수 : ③ 벌써 그렇게 (　　　　　　　)? 한국어는 (　　　　　　　　)?

미키 : ④ 많이 어려워요. 그래도 공부하면 할수록 너무 재미있어져요.

진수 : ⑤ 대단하네요. 저는 일본어를 (　　　　　　　) 오래됐지만 아직 잘 못해요.

3 例のように、□の表現を用いて、隣の人（あるいは先生）と話してみましょう。

例）Q：<u>한국말을 공부한 지</u> 얼마나 됐나요?　韓国語を勉強してからどれくらい経ちましたか。

　　A：한 (2년) 쯤 됐어요.　約（2年）ほど経ちました。

（　　　）内は自由に答えましょう。

① 한국말을 공부하다	② 건강 보조 식품을 먹다
③ 미장원에 다녀오다	④ 그 동네에서 살다
⑤ 서로 만나다	⑥ 결혼하다
⑦ 팬이 되다	⑧ 취미 생활을 하다
⑨ ~를/을 시작하다	⑩ 그 ~를/을 사다

4 婉曲的な疑問を表すフレーズを覚えましょう。　🔊 71

（1）이게 같은 건가요? 다른 건가요?

（2）오늘은 숙제가 있나요? 없나요?

（3）그 사람이 좋은가요? 싫은가요?

（4）이 김치는 매운가요? 안 매운가요?

（5）그 사실을 아시나요? 모르시나요?

「疑問詞」の重複　🔊 72

① 뭐 뭐 샀어요?	何（と）何（を）買いましたか。
② 어디 어디 갔어요?	どこ（と）どこ（へ）行きましたか。
③ 누구누구 왔어요?	誰（と）誰（が）来ましたか。
④ 언제 언제 만났어요?	いつ（と）いつ会いましたか。
⑤ (이 옷들) 얼마 얼마 줬어요(/했어요)?	（これらの服）いくらずつしましたか。
⑥ 몇몇 사람은 벌써 와 있었어요.	何名かの人はすでに来ていました。

14課 십사 과 템플스테이를 하고 왔다

テンプルステイをしてきた

この課の目標：【日記】を書いてみましょう！

○년 ○월 ○일 (맑음 晴れ) 🔊 73

① 지난 주말에 1박 2일로 템플스테이를 하고 왔다.

② 튜터가 추천해 줘서 가 보고 싶었던 절이다.

③ 한국의 가장 남쪽 끝에 자리한 절이라서 서울에서 가기에는 좀 멀었다.

④ 하지만 프로그램도 괜찮았고 사찰 음식도 맛있었다.

⑤ 튜터 덕분에 아주 유익한 경험을 할 수 있었다.

⑥ 다음번엔 다른 사찰에 가 보는 것도 좋겠다.

⑦ 아니, 꼭 갈 것이다.

---

① 先週末に１泊２日でテンプルステイをしてきた。
② チューターが推薦してくれたので行ってみたかったお寺だ。
③ 韓国の一番南側の端に位置したお寺なので、ソウルから行くには少し遠かった。
④ しかし、プログラムも良かったし、お寺の料理もおいしかった。
⑤ チューターのおかげでとても有益な経験ができた。
⑥ 今度は他のお寺に行ってみるのもよさそうだ。
⑦ いや、必ず行くつもりだ。

発音

⑤ 유익한 [유이칸] 激

⑥ 다음번엔 [다음뻐녠] 濃

⑦ 갈 것이다 [갈꺼시다] 濃

語彙

- **추천해 줘서**：推薦してくれたので
  「추천【推薦】해 주다 推薦してくれる」
- **끝에**：端に、終わりに
- **자리한**：位置した〜
  「자리하다 位置する」の過去連体形
- **가기에는**：行くには
  「〜기에는 〜 (する) には」

- **프로그램**：プログラム ＜ program
- **사찰 음식【寺刹飲食】**：お寺の料理、精進料理
- **덕분【徳分】에**：おかげで、お陰様で
- **유익한**：有益な〜
  「유익【有益】하다 有益だ」の現在連体形
- **경험【経験】**：経験

文型1 ● ～다　〜だ・である、〜い、〜(す)る・(し)ている

🔊 74

- 日記や新聞記事、論文などでよく用いられます。
- 会話においては、親しい人同士で、あるいは目下の人に対して用いるパンマルになります。
「한다체」とも言います。

> 形容詞、存在詞、指定詞 (〜이다/아니다) の語幹＋다
> 動詞の母音語幹とㄹ語幹 (ㄹ脱落)、계시다＋ㄴ다
> 動詞の子音語幹、있다 (いる) ＋는다
> 用言の過去形 (〜았/었)、〜겠＋다

例)　① 일본은 요즘 많이 덥다.　　　　　日本はこの頃とても暑い。
　　　② 오늘도 밤 늦게까지 회의가 있다.　今日も夜遅くまで会議がある。
　　　③ 다음 달에 한국에 갈 생각이다.　来月、韓国に行くつもり (←考え) だ。
　　　④ 가끔 일기를 쓴다.　　　　　　　たまに日記を書く。
　　　⑤ 아침 식사는 주로 빵을 먹는다.　朝食は主にパンを食べている。
　　　⑥ 어제 서울행 비행기를 예약했다.　昨日、ソウル行きの飛行機を予約した。
　　　⑦ 이것도 재미있겠다.　　　　　　これも面白そうだ。

> ※さらに、パンマルには下記のような言い方もあります。
> 疑問文は用言の語幹＋나?/(으)ㄴ가?
> 勧誘文は用言の語幹＋자
> 命令文は用言の語幹＋아/어라

例)　오늘 오나? 아니 어제 왔나?　　　今日来るのかな？　いや、昨日来たのかな？

練習1

① 次の単語や語句を例のように한다体にしてみましょう。

	～다/(느)ㄴ다	～았/었다
(例) 하다	한다	했다
(1) 오다		
(2) 오지 않다		
(3) 알다		
(4) 입다		
(5) 멀다		
(6) 멀지 않다		
(7) 좋아하다		
(8) 안 좋아하다		
(9) 상품권이다		
(10) 휴일이 아니다		

② 例のように、한다体を用いて日本語文を訳してみましょう。

例) その人は韓国に住んでいる。　→　그 사람은 한국에 산다.　　　　*住む 살다

（1）明日は約束がない。　　　→ _____

（2）デパートは普通10時に開店する。　　　　　　　　　*開店する 개점하다

　　　→ _____

（3）この映画、ぜひ見たかった。　→ _____　*ぜひ 꼭

（4）あの二人は親戚であろう。　→ _____　*親戚である 친척이다

（5）毎日韓国の音楽を聞いている。→ _____

（6）最近、毎日とても忙しい。　→ _____

3 下線部を한다体にしてみましょう。

과거에는 설날이 되면 친척들이 모두 <u>모였습니다</u>. 차례를 지내고 떡국을 <u>먹습</u>
                                                              (①   )   (②   )

<u>니다</u>. 그리고 웃어른께 세배를 <u>드립니다</u>. 그럼 어른들은 자손들에게 덕담을 하고
                                   (③   )

세뱃돈을 <u>줍니다</u>. 그리고 다 같이 성묘를 <u>갑니다</u>. 그러나 요즘에는 해외 여행을
   (④   )   (⑤   )

떠나는 사람도 <u>있습니다</u>. 특히 젊은이들은 명절을 휴식과 충전의 시간으로 여기
                (⑥   )

는 <u>모습입니다</u>. 시대가 바뀌면서 명절 풍경도 변하는 것 <u>같습니다</u>.
(⑦   )   (⑧   )

＊설날 お正月、차례 昼間に行う祭祀、세배 新年のあいさつ（お辞儀）、자손 子孫、덕담 德談（幸せを祈る言葉）、
세뱃돈 お年玉、성묘 墓参り、명절【名節】祝祭日

応用練習

1 例のように、関連のあるものを線でつないで文を完成させましょう。

例) **나는 거의 매일**   ・   ・유명한 그 사진작가인가?

(1) 이 블라우스는   ・   **・스포츠센터에 간다.**

(2) 오늘은 예습을   ・   ・하지 않으면 안된다.

(3) 지난 주말에는 친구와   ・   ・예쁘지만 너무 비싸다.

(4) 이 사람이 세계적으로   ・   ・음악회에 갔다 왔다.

2 音声を聞いて（   ）の中に書き入れて、会話を完成させましょう。 🔊 75

미키 : ① 오늘 영화 정말 (   ).

친구 : ② 응. 배우도 진짜 멋졌어.

미키 : ③ 근데 너무 (   ). 뭐 먹을래?

친구 : ④ 이게 (   ). 이거 (   ).

미키 : ⑤ 그래. (   ).

3 次の名言やことわざのフレーズを覚えましょう。　🔊 76

　　① 아는 것이 힘이다　　　　　　　　知るは力なり（←知ることこそ力だ）

　　② 실패는 성공의 어머니이다　　　　失敗は成功のもと（←失敗は成功の母である）

　　③ 뛰는 놈 위에 나는 놈 있다　　　　上には上がある（←走る奴の上に飛ぶ奴がいる）

　　④ 좋은 약은 입에 쓰다　　　　　　　良薬は口に苦し（←良い薬は口に苦い）

　　⑤ 원숭이도 나무에서 떨어진다　　　猿も木から落ちる

　　⑥ 세 살 버릇 여든까지 간다　　　　三つ子の魂百まで（←三歳の癖、八十まで行く）

　　⑦ 낮말은 새가 듣고 밤말은 쥐가 듣는다　壁に耳あり障子に目あり

　　　　　　　　　　　　　　　　　　（←昼の話は鳥が聞き、夜の話はネズミが聞く）

　　⑧ 돌다리도 두들겨 보고 건너라　　常に安全を確認せよ（←石橋も叩いてみて渡れ）

「元気」のいろいろ　🔊 77

（1）落ち込んでいる知人に

　　A：힘내세요. / 기운 내세요.　　　　元気出してください。

　　B：네, 힘낼게요. / 기운 낼게요.　　はい、元気出しますね。

　　A：힘내라.　　　　　　　　　　　　元気出して（/頑張れ）。

　　B：그래, 힘내자.　　　　　　　　　そうだね、元気だそう（/頑張ろう）。

（2）久しぶりに会った時

　　A：잘 지내셨어요?　　　　　　　　お元気でしたか。

　　B：네, 잘 지냈어요.　　　　　　　はい、元気でした。

（3）ご両親の安否を尋ねる時

　　A：부모님께서는 건강하세요?　　　ご両親はお元気ですか。

　　B：네, 건강하세요.　　　　　　　はい、元気です。

（4）いつも元気そうな知人に対して

　　다나카 씨는 언제 봐도 활력이 넘치시네요.　田中さんはいつ見てもお元気ですね。

　　　　　　　　　　　　　　　　　　（←活力がみなぎっていらっしゃいますね）

④ 한다体を用いて、日記を書いてみましょう。

（1）次の日本語の内容になるように日記を完成させましょう。

〇年　〇月　〇日（曇りのち晴れ）

昨日は短編小説を読んだ。

とても感動して涙までも出てきた。

友達にも貸してあげた。

友達も読んで、私のようにとても感動したようだ。

今日の夕方には同窓会の集まりがある。

他の友達たちにもこの本を紹介するつもり（←考え）だ。

ところで今日の集まりには誰が来るか（←出てくるか）本当に気になる。

〇년　〇월　〇일 (흐린 후 갬)

（2）実際に日記を書いて発表してみましょう。

付　録

I. 連体形のまとめ

品詞	語幹の種類	基本形	過去	現在	未来 （推測など）
動詞			**語幹＋(으)ㄴ**	**語幹＋는**	**語幹＋(으)ㄹ**
	母音語幹	가다	간	가는	갈
	ㄹ語幹	만들다	만든	만드는	만들
	子音語幹	먹다	먹은	먹는	먹을
存在詞			**語幹＋(었)던**	**語幹＋는**	**語幹＋을**
		있다	있(었)던	있는	있을
		없다	없(었)던	없는	없을
形容詞			**語幹＋(았)던/(었)던**	**語幹＋(으)ㄴ**	**語幹＋(으)ㄹ**
	母音語幹	싸다	싸던/쌌던	싼	쌀
	ㄹ語幹	멀다	멀던/멀었던	먼	멀
	子音語幹	좋다	좋던/좋았던	좋은	좋을
指定詞			**名詞＋(였)던/이(었)던** **名詞＋가/이 아니(었)던**	**名詞＋인** **名詞＋ 가/이 아닌**	**名詞＋일** **名詞＋ 가/이 아닐**
	パッチム無	～(이)다	친구(였)던	친구인	친구일
	〃　有	～이다	오늘이(었)던	오늘인	오늘일
	パッチム無	～가 아니다	친구가 아니(었)던	친구가 아닌	친구가 아닐
	〃　有	～이 아니다	오늘이 아니(었)던	오늘이 아닌	오늘이 아닐

＊「連体形」とは用言における活用形の一つで、後ろの名詞などを修飾するときに用いられる形を言います。

＊「～있다/없다」の付く形容詞（例：맛있다 美味しい、멋있다 かっこいい、재미없다 つまらないなど）は存在詞と同様の活用をします。

＊ さらに「던」は、動詞に付くと、現在は行っていない過去の継続を表します。

▶連体形の例文

1. 어제 <u>만든</u> 카레예요.　　　昨日作ったカレーです。
2. <u>맛있는</u> 김치를 먹고 싶어요.　おいしいキムチが食べたいです。
3. 내일이 <u>좋을</u> 것 같아요.　　　明日が良さそうです。
4. 제일 <u>친한</u> 친구일 거예요.　　一番親しい友達でしょう。
5. <u>오늘이 아닌</u> 것 같아요.　　　今日ではないみたいです。
6. 학생 때 자주 <u>가던</u> 곳이에요.　学生の時、よく行っていた所です。

Ⅱ．漢字語の覚え方のコツ

　韓国語には漢字由来の単語がたくさんあり、日本語と韓国語の漢字の基本原則を身につけることで、さらに漢字語の単語が覚えやすく、有効に活用できることでしょう。

　漢字語は日本語の音読みでは1音節と2音節のものがありますが、韓国語読みでは1音節のものだけです。

	日本語読み（1～2音節）	韓国語読み（1音節）
真	しん	진
理	り	리

1．1音節の「日本語読み」は「韓国語読み」ではほとんどパッチム無しです。

　　例：地理 **지리**、　家具 **가구**、　無理 **무리**

2．2音節の「日本語読み」は「韓国語読み」では以下のようになる傾向があります。

　（1）長音の場合

　　　①「ーい・ーう」⇒（多くが）パッチム「ㅇ」になります。

　　　　例：成功（せいこう）**성공**、　応用（おうよう）**응용**

　　　②「ーう」⇒パッチム「ㅂ」もあります。

　　　　例：納入（のうにゅう）**납입**、　集合（しゅうごう）**집합**

　　　　※「ーい・ーう」⇒「パッチム無し」もあります。

　　　　例：西洋（せいよう）**서양**、　学校（がっこう）**학교**

　（2）長音でない場合

　　　①「ーき・ーく」⇒パッチム「ㄱ」になります。

　　　　例：正式（せいしき）**정식**、　握手（あくしゅ）**악수**、　駅（えき）**역**

　　　②「ーち・ーつ・ーっ」⇒（多くが）パッチム「ㄹ」になります。

　　　　例：八月（はちがつ）**팔월**、　出発（しゅっぱつ）**출발**

　　　　※「ーつ・ーっ」⇒パッチム「ㅂ」もあります。

　　　　例：水圧（すいあつ）**수압**、　納得（なっとく）**납득**

　　　③「ーん」⇒　パッチム「ㄴ」か「ㅁ」になります。

　　　　例：引用（いんよう）**인용**、　安心（あんしん）**안심**、　新聞（しんぶん）**신문**

3．「日本語読み」から「韓国語読み」の初声が以下のようになる傾向があります。

　（1）「か行・が行」⇒初声の多くが「ㄱ」になります。

　　　　例：高校（こうこう）**고교**、　器具（きぐ）**기구**

　　　　※初声が「ㅎ」、「ㅇ」もあります。

例：韓国（かんこく）한국、 言語（げんご）언어

（2）「さ行・ざ行」⇒初声の多くが「ㅅ」「ㅈ」になります。
　　例：算数（さんすう）산수、 自由（じゆう）자유、 事情（じじょう）사정
　　※初声が「ㅊ」、「ㅇ」、「ㄷ」もあります。
　　例：差異（さい）차이、 自然（しぜん）자연、 地図（ちず）지도

（3）「た行」⇒初声の多くが「ㄷ」「ㅌ」になります。
　　例：単純（たんじゅん）단순、 当然（とうぜん）당연、 特技（とくぎ）특기
　　※初声が「ㅈ」、「ㅊ」もあります。
　　例：地下（ちか）지하、 定価（ていか）정가、 鉄道（てつどう）철도

（4）「は行・ば行」⇒初声の多くが「ㅂ」「ㅍ」になります。
　　例：皮膚（ひふ）피부、 不便（ふべん）불편、 分別（ふんべつ）분별
　　※初声が「ㅁ」もあります。
　　例：本文（ほんぶん）본문、 売買（ばいばい）매매

（5）「ら行」⇒（語頭以外）「ㄹ」になります。
　　例：物理（ぶつり）물리、 資料（しりょう）자료、 種類（しゅるい）종류
　　※初声「ㄹ」が語頭に来たとき、中声が「이・야・여・요・유・예」の場合は「ㅇ」に、
　　　「아・오・우・으・애・외」の場合は、「ㄴ」になります。
　　例：理由（りゆう）이유、 料理（りょうり）요리、 連絡（れんらく）연락
　　　　来年（らいねん）내년、論文（ろんぶん）논문、 蘭（らん）난

4．「日本語読み」から「韓国語読み」の中声が以下のようになる傾向があります。
　（1）「あ段＋い：(ai)」の漢字の「韓国語読み」
　　　　①中声が「애」になるもの　　　　例：内容（ないよう [nai you]）내용
　　　　②中声が「외」になるもの　　　　例：会議（かいぎ [kai gi]）회의
　　　　③中声が「에」になるもの　　　　例：経済（けいざい [kei zai]）경제

　（2）え段 (e) の漢字の「韓国語読み」
　　　　①中声が「어」になるもの　　　　例：試験（しけん [si ken]）시험
　　　　②中声が「여」になるもの　　　　例：意見（いけん [i ken]）의견

　（3）「え段＋い：(ei)」の漢字の「韓国語読み」
　　　　①中声が「엉」になるもの　　　　例：成績（せいせき [sei seki]）성적
　　　　②中声が「영」になるもの　　　　例：映画（えいが [ei ga]）영화
　　　　③その他（「앵」「에」「예」「이」）
　　　　例：人生（じんせい [jin sei]）인생、 帝国（ていこく [tei koku]）제국
　　　　　　計画（けいかく [kei kaku]）계획、迷信（めいしん [mei sin]）미신

Ⅲ. 本書に出てくる語尾のタイプ（Ⅰ、Ⅱ、Ⅲ）のまとめ

	子音語尾（Ⅰ）		으語尾（Ⅱ）	
	・すべての語幹にそのまま付く。 ・ただし、ㄴで始まる語尾は 　ㄹ語幹に付く際、ㄹ脱落		・子音語幹は으がそのまま付き、 　母音語幹・ㄹ語幹は으脱落。 　（ただし、ㄹ語幹は、 　ㅅ、ㅂ、ㄴ、ㄹパッチムで始まる 　語尾が付く際、ㄹ脱落）	
楽しく学べる韓国語	습니다	12-1	ㅂ니다	12-1
	지 않다	12-2	(으)러	14-2
	고	13-2	(으)ㄹ 수 있다/없다	17-1
	지만	15-2	(으)면	17-2
	네요	15-2	(으)면 되다	17-2
	지 못하다	17-1	(으)시	18-1
	자	19-2	(으)셨	18-1
	고 싶어요	20-1	(으)ㄹ까요?	19-1
	고 싶어해요	20-1	(으)ㄹ래요	22-1
	겠네요	20-2	(으)니까 (原因)	23-1
	지 마세요	21-2	(으)세요	23-2
	겠어요	24-1	(으)ㄹ게요	24-2
	기 때문에	25-2	(으)ㄹ 거예요	25-1
楽しく学べる韓国語2（本テキスト）	고 있다	1-2	(으)면서	1-1
	게 되다	2-2	(으)ㄴ (連)	4-1
	는 (連)	3-1	(으)ㄴ (連)	5-1
	던 (連)	6-1	(으)ㄴ 적 (이) 있다/없다	5-2
	는데	8-1	(으)ㄹ (連)	7-1
	기로 유명하다	8-2	(으)ㄹ지도 모르다	7-2
	기 위해(서)	9-1	(으)ㄴ데	8-1
	기 시작하다	9-2	(으)니까 (発見)	10-1
	고 말다	12-2	(으)ㄹ수록	11-1
	나요?	13-2	(으)려고	12-1
	다	14-1	(으)ㄴ 지	13-1
			(으)ㄴ가요?	13-2

＊ 語尾のタイプの後の数字は使われる課と文型番号を示しています。

＊ 連とは「連体形」を意味します。

아/어語尾（Ⅲ）	その他
・語幹末の母音の種類によって付く。 　語幹末が 　　ㅏ、ㅑ、ㅗ：아 　　ㅏ、ㅑ、ㅗ以外：어 　　하の場合：하여⇒해	

아/어요	13-1	지요?	16（練習3）
았/었	14-1	안（否定形）	12-2
아/어도 돼요	21-1	못（不可能）	17-1
아/어 보다	21（p.118）	반말	19（p.107）
아/어야 돼요	22-2	名詞＋때문(에)	25-2

아/어 있다	1-2	連＋것 같다	3-2
아/어서	2-1	連＋줄 알았다	4-2
아/어 보이다	10-2	連＋줄(은) 몰랐다	4-2
아/어지다	11-2	連＋거 아니에요	6-2
아/어 버리다	12-2	名詞＋(으)로 유명하다	8-2
		名詞＋를/을 위해(서)	9-1

単語リスト（韓－日）

◎本書の日本語訳が付いていない単語を中心に収録しています。各課の語彙や日本語訳なども参照してください。

◎丸数字は初出の課を、〈 　 〉は変則活用を示します。

ㄱ

가/이 아니다	～ではない ②
가까이	近く (に) ③
가깝다	近い ⑧
가장	もっとも ⑤
가족	家族 ①
갑자기	急に、いきなり ⑨
갔다 오다	行ってくる ⑬
갖다(=가지다)	持つ ⑨
개월	～ヵ月 ⑬
거기	そこ ⑧
걱정(하다)	心配 (する) ⑫
건강 보조 식품	健康補助食品 ⑬
건물	建物 ⑬
걸리다	かかる ①
～겠네요	～でしょうね、(し)そうですね ①
결혼(하다)	結婚 (する) ⑬
경기	景気 ⑪
경우	場合 ⑨
경주	キョンジュ【慶州】〈地名〉②
계속	ずっと、引き続き ⑪
계시다	いらっしゃる ①
고르다 〈르〉	選ぶ ⑥
고민	悩み ⑩
고생(하다)	苦労 (する) ⑥

고치다	治す、直す ③
과거	過去 ⑭
과자	菓子 ①
관심	関心 ②
교토	京都 ⑤
구두	靴 ①
군데	個所 ⑤
권	冊 ⑫
그동안	その間 ②
그래도	それでも、まだしも ⑬
그래서	それで、そして ⑫
그러게요	全くです ⑥
그리	それほど ⑦
그리고	そして、それから ④
그리다	描く ③
근처	近所 ⑦
긋다 〈ㅅ〉	(線を) 引く ⑧
기다리다	待つ ③
기르다 〈르〉	育てる、飼う ⑬
기쁘다 〈으〉	嬉しい ⑥
기억	記憶 ⑤
～기 전에	～(する) 前に ⑦
길	道 ①
길다	長い ④
깎다	剥く、削る、値切る ①

96

깜빡	うっかり ⑤	누구	誰 ⑤
께	〜(目上の人) に、から ⑫	눈 축제	雪まつり ⑧
께서	〜(目上の人) が ⑩	눕다 〈ㅂ〉	横たわる、横になる ⑬
께서는	〜(目上の人) は ③	〜는 척하다	〜(する) ふりをする ①
꼭	必ず、ぜひ ⑫	늦다	遅い ④
꽃	花 ①		
꽃병	花瓶 ①		
끄다 〈으〉	消す ②	**ㄷ**	
끓이다	沸かす ⑫	다녀오다	行ってくる ⑬
끝나다	終わる ⑥	다도	茶道 ⑧
		다르다 〈르〉	違う、違っている ⑥
		다리	脚 ⑪
ㄴ		다음 날	次の日 ⑦
나가다	出かける ⑤	단풍	紅葉 ⑧
나서다	出る、出かける ⑫	담다	盛る ⑩
나이가 들다	歳をとる ⑪	대신(에)	代わり (に) ⑫
날씨	天気 ④	댁	お宅 ⑧
남기다	残す ⑥	더	もっと ④
낫다 〈ㅅ〉	治る、マシだ ⑧	도쿄	東京 ⑤
내(=나의)	私の、僕の ⑫	독서	読書 ③
내용	内容 ③	돈	お金 ⑨
내일	明日 ②	돌	石 ⑧
너무	あまり、とても ①	동네	町内、村 ⑧
너무나	あまりに (も) ⑧	동아리	サークル、仲間 ⑧
넘치다	みなぎる、あふれる ⑭	뒤	後ろ、裏 ①
넣다	入れる ⑤	드라마	ドラマ ②
넥타이	ネクタイ ⑨	드리다	差し上げる ⑦
노래방	カラオケボックス ③	들	〜たち (複数) ①
노력(하다)	努力 (する) ⑨	땅값	土地代、地代 ⑪
노후	老後 ⑨	떠나다	去る、離れる ⑫
놀다	遊ぶ ②	떠들다	騒ぐ ③
놀이	遊び ⑪	떡국	トックク、お雑煮 ⑭
높다	(山などが) 高い ⑪	떨어지다	落ちる ①

ㄹ

~(으)ㄹ거예요	~(する)つもりです、 ~はずです ②
~(으)러	~(し)に ⑨
로맨틱	ロマンチック ③
리포트	レポート ②

ㅁ

마시다	飲む ①
마음에 들다	気に入る ②
마침	ちょうど ⑧
만약	万が一 ⑨
만(에)	ぶり(に) ⑫
만화	漫画 ⑤
많이	たくさん ②
말	言葉 ③
맛	味 ①
맞다	合う ⑥
매일	毎日 ④
매일매일	毎日毎日、日々 ⑪
머리	頭 ②
먼저	先に ⑤
멀다	遠い ⑧
멋지다	素晴らしい、素敵だ ⑨
면허증	免許証 ⑫
모두	皆、すべて ⑭
모습	姿 ③
모으다 〈으〉	集める、貯める ⑨
모이다	集まる ①
모임	集い、集まり ⑧
무슨	何の ①
문법	文法 ⑪

문제	問題 ⑩
물가	物価 ⑪
뭐니 뭐니 해도	なんといっても ⑤
미래	未来 ⑨
미장원	美容院 ⑬

ㅂ

바겐세일	バーゲンセール ⑩
바꾸다	変える、替える、両替する ⑩
바뀌다	変わる ⑭
바나나	バナナ ⑪
바다	海 ⑧
바람	風 ⑧
바쁘다 〈으〉	忙しい ①
바지	ズボン ①
밖	外 ③
밖에	~しか ⑦
반	半、半分 ⑬
발음	発音 ⑪
방	部屋 ①
배(가) 고프다 〈으〉	おなかがすく ②
배우	俳優 ③
백화점	百貨店、デパート ⑩
버리다	捨てる ③
변하다	変化する、変わる ⑥
변호사	弁護士 ⑥
별로	それほど、あまり ③
병	病 ⑧
병원	病院 ⑤
보내다	送る ②
보이다	見える ②
보통	普通、普段 ⑨

보험	保険 ⑨	성적	成績 ⑪
복잡하다	複雑だ ⑪	세계적	世界的 ⑭
봄	春 ③	소개	紹介 ⑬
부르다 〈르〉	呼ぶ、(歌を) 歌う ⑥	소고기	牛肉 ⑤
불	電気、火 ②	소매	袖 ④
불국사	プルグクサ【仏国寺】⑧	소방관	消防官 ③
불어	仏語 ⑨	소식	消息、便り、ニュース ⑨
블라우스	ブラウス ⑩	소파	ソファー ①
빌리다	借りる ②	속도	速度 ⑪
뿌옇다 〈ㅎ〉	ぼうっとかすんでいる、白っぽい ⑩	쇼핑	ショッピング ③
		수정과	スジョングァ (韓国の伝統茶の一つ) ①

ㅅ

사과	リンゴ ①	쉽다 〈ㅂ〉	容易だ、簡単だ ⑩
사귀다	付き合う ⑨	스카이다이빙	スカイダイビング ⑧
사다	買う ②	스케치북	スケッチブック ⑨
사람	人 ②	스포츠	スポーツ ③
사랑스럽다 〈ㅂ〉	愛らしい ⑪	시대	時代 ⑭
사실	事実 ⑬	시험	試験 ⑩
사진	写真 ②	신기하다	不思議だ ⑥
사진작가	写真作家 ⑭	신다	(靴などを) 履く ①
살다	住む、暮らす ①	신라	新羅 ②
살을 빼다	痩せる ⑨	신랑	新郎 ⑨
상품권	商品券 ⑭	신부	新婦 ⑨
색깔	色 ②	싣다 〈ㄷ〉	載せる ⑨
서다	立つ ①	실수	ミス、失敗 ⑪
서두르다 〈르〉	急ぐ ⑪	실제(로)	実際 (に) ⑩
서로	互いに ⑬	싫어하다	嫌いだ、嫌う ④
서류	書類 ⑫		
서점	書店 ②		
선	線 ⑧		

ㅇ

선배	先輩 ⑥	아깝다 〈ㅂ〉	惜しい、もったいない ⑫
설악산	ソラク山【雪岳山】⑧	아무것도	何も ②
		~아/어야 되다	~(し) なければならない ⑦

아오모리현	青森県 ⑧	오사카	大阪 ⑤
앉다	座る ①	오키나와	沖縄 ⑧
알리다	知らせる ⑨	용기	勇気 ⑦
알바(=아르바이트)	バイト ⑩	우리	私たち (の)、うち (の) ⑨
알아보다	調べてみる ②	우정	友情 ⑨
앞날	将来、未来 ⑨	운전	運転 ⑫
앞자리	前の席 ⑨	웃어른	目上の人 ⑭
약	薬 ②	위	上 ①
어깨	肩 ⑥	위치	位置 ⑩
어디	どこ ①	유학	留学 ②
어떤	どんな ①	음악회	音楽会 ⑭
어렵다 ⟨ㅂ⟩	難しい ⑥	의견	意見 ⑩
어른	大人 ⑭	의사	医師 ③
어젯밤	昨夜 ⑤	의자	椅子 ①
어학	語学 ⑨	이것저것	あれこれ ②
언제나	いつも ①	이렇다 ⟨ㅎ⟩	こうだ ④
얼마나	どれ位 ⑧	이맘때	今ごろ ⑨
에 대해서	〜に対して、〜について ②	이번	今回 ②
여기다	思う、感じる ⑭	이삿짐	引っ越しの荷物 ⑥
여러	色々な ⑤	이전	以前 ⑥
여러분	皆さん ⑧	이제	もう ⑥
여름	夏 ⑥	인기	人気 ③
여유	余裕 ⑩	인사동	インサドン【仁寺洞】〈地名〉 ⑦
여자	女子、女性 ⑧	일주일	一週間 ⑬
역사	歴史 ②	일찍	早く ①
연락(하다)	連絡 (する) ⑨	입다	着る ①
열리다	開く、ひらく ①	입맛	食欲 ⑬
영어	英語 ①	입원(하다)	入院 (する) ⑤
영원하다	永遠だ ⑨	잊어버리다	忘れてしまう ⑤
영화관	映画館 ③		
예습	予習 ⑭		

ㅈ

자기 자신	自分自身、我が身 ⑨

오다	来る ①

자료	資料 ②	지내다	過ごす ①
자막	字幕 ②	지방	地方 ①
자원봉사자	ボランティア ④	~지 않다	～(し)ない ③
작다	小さい ④	직접	直接 ⑤
작업	作業 ⑩	진짜	本当、本物 ③
~잖아요	～じゃないですか、～でしょう ⑫	짐	荷物 ⑨
잘	よく ②	집	家 ①
잠	眠り ⑪	째	～目 ⑬
장	枚 ⑧	찜질방	チムジルバン、スーパーサウナ ②
장사	商売 ⑬		
재작년	おととし、一昨年 ⑨		

ㅊ

저녁	夕方 ⑧	차	車 ⑨
저녁(밥)	夕飯 ⑨	참	とても、本当に ⑥
전화(하다)	電話(する) ⑨	창문	窓 ①
젊은이	若者、若い人 ⑭	찾아오다	やってくる、尋ねてくる ⑥
점	点 ⑪	처음	初めて、最初 ⑫
점점	ますます、次第に ⑪	청소	掃除 ①
정도	程度 ⑬	체험	体験 ⑧
정보	情報 ⑪	출발(하다)	出発(する) ⑬
정성	真心 ⑨	춤(을) 추다	(踊りを)踊る ⑨
제과	製菓 ⑨	춥다〈ㅂ〉	寒い ④
제일	一番(に)、もっとも ⑤	충전	充電 ⑭
제출(하다)	提出(する) ②	취미	趣味 ③
조만간	近いうち ⑦	취미 생활	趣味(を楽しみながら生きる)
졸리다	眠い ⑨		生活 ⑬
종류	種類 ⑦	취업	就業、就職 ①
좋아하다	好きだ、好む ③	친언니	実の姉 ⑬
죄송하다	申し訳ない ⑧	친절하다	親切だ ⑪
준비(하다)	準備(する) ①	침대	ベッド、寝台 ⑩
즐기다	楽しむ ⑨		
지나다	過ぎる ⑥		

ㅋ

지난번	このあいだ、この前 ⑫	카메라	カメラ ⑬

코미디	コメディー ③
콘서트	コンサート ⑤

ㅌ

테이블	テーブル ①
특별히	特別に、特に ④
특히	特に ⑪
튼튼하다	丈夫だ、健やかだ ⑪
티켓	チケット ⑧

ㅍ

파스타	パスタ ④
파이팅	ファイト ①
팔리다	売れる ⑪
팬	ファン ⑬
팬미팅	ファンミーティング ⑤
편	編 ⑫
평상시	普段、日ごろ ⑬
풍경	風景 ⑭
프리랜서	フリーランサー ⑦
피다	咲く ①
피자	ピザ ④
필요없다	必要ない ③

필요하다	必要だ ④

ㅎ

하나	一つ ⑫
하루	一日 ③
학생	学生 ①
한국말	韓国語 ⑥
한국어	韓国語 ①
한테	～（人や動物）に、から ⑤
할아버지	祖父、お祖父さん ①
함께	一緒に、共に ⑬
항상	いつも、常に ⑨
해외	海外 ⑨
홋카이도	北海道 ⑧
화가	画家 ③
화려하다	派手だ ②
활동	活動 ⑧
회의	会議 ⑫
후지산	富士山 ⑤
훨씬	遥かに ⑩
휴식	休息 ⑭
휴일	休日 ②
힘들다	大変だ ⑥

単語リスト（日－韓）

◎本書の日本語訳が付いていない単語を中心に収録しています。各課の語彙や日本語訳なども参照してください。

◎丸数字は初出の課を、〈　　〉は変則活用を示します。

あ

愛らしい	사랑스럽다 〈ㅂ〉⑪
合う	맞다 ⑥
青森県	아오모리현 ⑧
開く、ひらく	열리다 ①
脚	다리 ⑪
味	맛 ①
明日	내일 ②
遊び	놀이 ⑪
遊ぶ	놀다 ②
頭	머리 ②
集まり	모임 ⑧
集まる	모이다 ①
集める	모으다 〈으〉⑨
あまり	너무 ①、별로 ③
あまりに(も)	너무나 ⑧
あれこれ	이것저것 ②
家	집 ①
いきなり	갑자기 ⑨
意見	의견 ⑩
医師	의사 ③
石	돌 ⑧
椅子	의자 ①
以前	이전 ⑥
忙しい	바쁘다 〈으〉①

急ぐ	서두르다 〈르〉⑪
位置	위치 ⑩
一日	하루 ③
一番(に)、もっとも	제일 ⑤
一週間	일주일 ⑬
一緒に、共に	함께 ⑬
行ってくる	갔다 오다 ⑬、다녀오다 ⑬
いつも	언제나 ①、항상 ⑨
今ごろ	이맘때 ⑨
いらっしゃる	계시다 ①
入れる	넣다 ⑤
色	색깔 ②
色々な	여러 ⑤
インサドン【仁寺洞】	인사동 〈地名〉⑦
上	위 ①
後ろ	뒤 ①
(歌を)歌う	부르다 〈르〉⑥
うっかり	깜빡 ⑤
器	그릇 ⑩
海	바다 ⑧
裏	뒤 ①
嬉しい	기쁘다 〈으〉⑥
売れる	팔리다 ⑪
運転	운전 ⑫
永遠だ	영원하다 ⑨

映画館	영화관 ③
英語	영어 ①
描く	그리다 ③
選ぶ	고르다 〈르〉 ⑥
大阪	오사카 ⑤
お金	돈 ⑨
沖縄	오키나와 ⑧
送る	보내다 ②
惜しい、もったいない	아깝다 〈ㅂ〉 ⑫
遅い	늦다 ④
お宅	댁 ⑧
落ちる	떨어지다 ①
おととし、一昨年	재작년 ⑨
大人	어른 ⑭
(踊りを)踊る	춤(을) 추다 ⑨
おなかがすく	배(가) 고프다 〈으〉 ②
思う、感じる	여기다 ⑭
終わる	끝나다 ⑥
音楽会	음악회 ⑭

か

(目上の人)が	께서 ⑩
海外	해외 ⑨
会議	회의 ⑫
買う	사다 ②
飼う	기르다 〈르〉 ⑬
変える、替える	바꾸다 ⑩
かかる	걸리다 ①
画家	화가 ③
学生	학생 ①
～ヵ月	개월 ⑬
過去	과거 ⑭
菓子	과자 ①

個所	군데 ⑤
風	바람 ⑧
家族	가족 ①
肩	어깨 ⑥
活動	활동 ⑧
必ず	꼭 ⑫
花瓶	꽃병 ①
カメラ	카메라 ⑬
カラオケボックス	노래방 ③
借りる	빌리다 ②
代わり(に)	대신(에) ⑫
変わる	바뀌다 ⑭
変わる、変化する	변하다 ⑥
韓国語	한국어 ①、한국말 ⑥
関心	관심 ②
簡単だ	쉽다 ⑩
感動(する)	감동(하다) ⑭
記憶	기억 ⑤
気に入る	마음에 들다 ②
(知りたくて)気になる	궁금하다 ⑭
休日	휴일 ②
休息	휴식 ⑭
急に	갑자기 ⑨
牛肉	소고기 ⑤
京都	교토 ⑤
キョンジュ【慶州】	경주 〈地名〉 ②
嫌いだ	싫어하다 ④
着る	입다 ①
近所	근처 ⑦
薬	약 ②
靴	구두 ①
暮らす	살다 ①
来る	오다 ①

車	차 ⑨
苦労(する)	고생(하다) ⑥
景気	경기 ⑪
消す	끄다 〈으〉 ②
結婚 (する)	결혼(하다) ⑬
健康補助食品	건강 보조 식품 ⑬
こうだ	이렇다 〈ㅎ〉 ④
紅葉	단풍 ⑧
語学	어학 ⑨
言葉	말 ③
このあいだ、この前	지난번 ⑫
この頃	요즘 ①
コメディー	코미디 ③
今回	이번 ②
コンサート	콘서트 ⑤

さ

サークル	동아리 ⑧
先に	먼저 ⑤
作業	작업 ⑩
咲く	피다 ①
昨夜	어젯밤 ⑤
差し上げる	드리다 ⑦
冊	권 ⑫
茶道	다도 ⑧
寒い	춥다 〈ㅂ〉 ④
去る	떠나다 ⑫
騒ぐ	떠들다 ③
～しか	밖에 ⑦
試験	시험 ⑩
事実	사실 ⑬
～(し)そうですね	～겠네요 ①
時代	시대 ⑭

実際(に)	실제(로) ⑩
実の姉	친언니 ⑬
～(し)ない	～지 않다 ③
～(し)なければならない	～아/어야 되다 ⑦
～(し)に	～(으)러 ⑨
自分自身、我が身	자기 자신 ⑨
字幕	자막 ②
写真	사진 ②
写真作家	사진작가 ⑭
～じゃないですか、～でしょう	～잖아요 ⑫
就業、就職	취업 ①
充電	충전 ⑭
出発(する)	출발(하다) ⑬
趣味	취미 ③
趣味 (を楽しみながら生きる) 生活	
	취미 생활 ⑬
種類	종류 ⑦
準備 (する)	준비(하다) ①
紹介	소개 ⑬
小説	소설 ⑭
消息	소식 ⑨
商売	장사 ⑬
商品券	상품권 ⑭
丈夫だ、健やかだ	튼튼하다 ⑪
情報	정보 ⑪
消防官	소방관 ③
将来、未来	앞날 ⑨
食欲	입맛 ⑬
女子、女性	여자 ⑧
ショッピング	쇼핑 ③
書店	서점 ②
書類	서류 ⑫
知らせる	알리다 ⑨

調べてみる	알아보다 ②	そして	그리고 ④
資料	자료 ②	育てる	기르다 〈르〉⑬
白っぽい	뿌옇다 〈ㅎ〉⑩	袖	소매 ④
親切だ	친절하다 ⑪	外	밖 ③
心配(する)	걱정(하다) ⑫	その間	그동안 ②
新婦	신부 ⑨	祖父、お祖父さん	할아버지 ①
新羅	신라 ②	ソファー	소파 ①
新郎	신랑 ⑨	ソラク山【雪岳山】	설악산 ⑧
スカイダイビング	스카이다이빙 ⑧	それから	그리고 ④
姿	모습 ③	それで	그래서 ⑫
好きだ、好む	좋아하다 ③	それでも	그래도 ⑬
過ぎる	지나다 ⑥	それほど	그리 ⑦、별로 ③
スケッチブック	스케치북 ⑨		
過ごす	지내다 ①		

スジョングァ(韓国の伝統茶の一つ)		体験	체험 ⑧
	수정과 ①	大変だ	힘들다 ⑥
素敵だ	멋지다 ⑨	(山などが) 高い	높다 ⑪
捨てる	버리다 ③	互いに	서로 ⑬
素晴らしい	멋지다 ⑨	たくさん	많이 ②
すべて、皆	모두 ⑭	～たち(複数)	들 ①
スポーツ	스포츠 ③	立つ	서다 ①
ズボン	바지 ①	建物	건물 ⑬
住む	살다 ①	楽しむ	즐기다 ⑨
座る	앉다 ①	貯める	모으다 〈으〉⑨
製菓	제과 ⑨	便り	소식 ⑨
成績	성적 ⑪	誰	누구 ⑤
世界的	세계적 ⑭	誰が	누가 ⑭
ぜひ	꼭 ⑫	短編	단편 ⑭
線	선 ⑧	小さい	작다 ④
先輩	선배 ⑥	近い	가깝다 〈ㅂ〉⑧
掃除	청소 ①	近いうち	조만간 ⑦
速度	속도 ⑪	違う	다르다 〈르〉⑥
そこ	거기 ⑧	近く(に)	가까이 ③

チケット	티켓 ⑧		ドラマ	드라마 ②
地方	지방 ①		努力(する)	노력(하다) ⑨
チムジルバン、スーパーサウナ	찜질방 ②		どれ位	얼마나 ⑧
ちょうど	마침 ⑧		どんな	어떤 ①
町内	동네 ⑧			
直接	직접 ⑤			

付き合う	사귀다 ⑨		**な**	
次の日	다음 날 ⑦		内容	내용 ③
集い	모임 ⑧		治す、直す	고치다 ③
常に	항상 ⑨		治る	낫다 〈ㅅ〉 ⑧
～(する)つもりです	～(으)ㄹ 거예요 ②		長い	길다 ④
提出(する)	제출(하다) ②		夏	여름 ⑥
程度	정도 ⑬		何も	아무것도 ②
テーブル	테이블 ①		悩み	고민 ⑩
出かける	나가다 ⑤、나서다 ⑫		なんといっても	뭐니 뭐니 해도 ⑤
～でしょうね	～겠네요 ①		何の	무슨 ①
デパート、百貨店	백화점 ⑩		(目上の人)に	께 ⑫
～ではない	가/이 아니다 ②		～(人や動物)に、から	한테 ⑤
出る	나서다 ⑫		～に対して、～について	에 대해서 ②
点	점 ⑪		荷物	짐 ⑨
天気	날씨 ④		入院(する)	입원(하다) ⑤
電気	불 ②		ニュース	소식 ⑨
電話(する)	전화(하다) ⑨		人気	인기 ③
東京	도쿄 ⑤		値切る	깎다 ①
遠い	멀다 ⑧		ネクタイ	넥타이 ⑨
読書	독서 ③		眠い	졸리다 ⑨
特に	특히 ⑪		眠り	잠 ⑪
特別に、特に	특별히 ④		残す	남기다 ⑥
どこ	어디 ①		載せる	싣다 〈ㄷ〉 ⑨
歳をとる	나이가 들다 ⑪		飲む	마시다 ①
土地代、地代	땅값 ⑪			
トックク、お雑煮	떡국 ⑭		**は**	
とても	참 ⑥		(目上の人)は	께서는 ③
			場合	경우 ⑨

バーゲンセール	바겐세일 ⑩
バイト	알바(=아르바이트) ⑩
俳優	배우 ③
(靴などを)履く	신다 ①
初めて、最初	처음 ⑫
パスタ	파스타 ④
発音	발음 ⑪
派手だ	화려하다 ②
花	꽃 ①
バナナ	바나나 ⑪
離れる	떠나다 ⑫
早く	일찍 ①
春	봄 ③
遥かに	훨씬 ⑩
半、半分	반 ⑬
火	불 ②
引き続き	계속 ⑪
(線を)引く	긋다 〈ㅅ〉 ⑧
ピザ	피자 ④
引っ越しの荷物	이삿짐 ⑥
必要だ	필요하다 ④
必要ない	필요없다 ③
人	사람 ②
一つ	하나 ⑫
日々、毎日毎日	매일매일 ⑪
美容院	미장원 ⑬
病院	병원 ⑤
ひらく	열리다 ①
ファイト	파이팅 ①
ファン	팬 ⑬
ファンミーティング	팬미팅 ⑤
風景	풍경 ⑭
複雑だ	복잡하다 ⑪

不思議だ	신기하다 ⑥
富士山	후지산 ⑤
普段、日ごろ	평상시 ⑬
普通、普段	보통 ⑨
物価	물가 ⑪
仏語	불어 ⑨
ブラウス	블라우스 ⑩
ぶり(に)	만(에) ⑫
フリーランサー	프리랜서 ⑦
〜(する)ふりをする	〜는 척하다 ①
プルグクサ【仏国寺】	불국사 ⑧
文法	문법 ⑪
ベッド、寝台	침대 ⑩
部屋	방 ①
編	편 ⑫
弁護士	변호사 ⑥
ぼうっとかすんでいる	뿌옇다 〈ㅎ〉 ⑩
保険	보험 ⑨
北海道	홋카이도 ⑧
ボランティア	자원봉사자 ④
本当、本物	진짜 ③
本当に	정말 ①、참 ⑥

ま

枚	장 ⑧
毎日	매일 ④
〜(する)前に	〜기 전에 ⑦
前の席	앞자리 ⑨
真心	정성 ⑨
マシだ	낫다 〈ㅅ〉 ⑧
ますます、次第に	점점 ⑪
まだしも	그래도 ⑬
待つ	기다리다 ③

全くです	그러게요 ⑥
窓	창문 ①
漫画	만화 ⑤
万が一	만약 ⑨
見える	보이다 ②
ミス、失敗	실수 ⑪
道	길 ①
皆さん	여러분 ⑧
未来	미래 ⑨
剥く、削る、値切る	깎다 ①
難しい	어렵다 〈ㅂ〉 ⑥
～目	째 ⑬
目上の人	웃어른 ⑭
免許証	면허증 ⑫
もう	이제 ⑥
申し訳ない	죄송하다 ⑧
持つ	갖다(=가지다) ⑨
もっと	더 ④
もっとも	가장 ⑤
盛る	담다 ⑩
問題	문제 ⑩

や

痩せる	살을 빼다 ⑨
やってくる、尋ねてくる	찾아오다 ⑥
病	병 ⑧
夕方	저녁 ⑧
勇気	용기 ⑦

友情	우정 ⑨
夕飯	저녁(밥) ⑨
雪まつり	눈 축제 ⑧
容易だ	쉽다 ⑩
～ように	처럼 ⑭
よく	잘 ②
横たわる、横になる	눕다 〈ㅂ〉 ⑬
予習	예습 ⑭
呼ぶ	부르다 〈르〉 ⑥
余裕	여유 ⑩

ら

留学	유학 ②
両替する	바꾸다 ⑩
リンゴ	사과 ①
歴史	역사 ②
レポート	리포트 ②
連絡(する)	연락(하다) ⑨
老後	노후 ⑨
ロマンチック	로맨틱 ③

わ

沸かす	끓이다 ⑫
若者、若い人	젊은이 ⑭
忘れてしまう	잊어버리다 ⑤
私たち(の)、うち(の)	우리 ⑨
私の、僕の	내(=나의) ⑫

著者紹介

李美賢（イ・ミヒョン）
日本女子大学卒業、同大学院文学研究科修士課程単位取得。
韓美（ハンミ）韓国語教室を主宰。
1994年NHKラジオハングル講座の出演以降、ハングル講座の番組編集・
テキストの校正などを担当。
2012年〜2015年、2016年〜2019年放送大学の「韓国語入門1」に発音指導
として出演。

李貞暎（イ・ジョンミン）
お茶の水女子大学大学院人間文化研究科博士課程修了（人文科学博士）。
著書に『韓日新聞社説における「主張のストラテジー」の対照研究』（2008
年、ひつじ書房）、その他に学術論文多数あり。
現在、東京経済大学、東京学芸大学、大東文化大学、東洋学園大学、
日本女子体育大学の非常勤講師。

楽しく学べる韓国語2

2020 年 2 月 1 日　印刷
2020 年 2 月 10 日　発行

著　者 ©　　李　　美　　賢
　　　　　　李　　貞　　暎
発行者　　及　川　直　志
組　版　　株式会社アイ・ビーンズ
印刷所　　株式会社三陽社

発行所
101-0052 東京都千代田区神田小川町 3 の 24
電話 03-3291-7811（営業部），7821（編集部）　　株式会社白水社
www.hakusuisha.co.jp
乱丁・落丁本は送料小社負担にてお取り替えいたします.

振替 00190-5-33228　　　　　　　　　　株式会社島崎製本

ISBN978-4-560-01797-5
Printed in Japan

パスポート朝鮮語小辞典 ◎朝和＋和朝◎

塚本 勲 監修／熊谷明泰 責任編集／白岩美穂, 黄鎮杰, 金年泉 編

◇朝和＋和朝でハンディサイズ！　◇韓国の標準語に準拠　◇大きな
文字で見やすい版面◇朝和は 23000 語, 全見出し語にカタカナ発音
◇和朝は 6000 語, 生きた例文が豊富 ◇ジャンル別単語・会話集付
（2色刷）B 小型　640 頁　定価（本体 2600 円＋税）

朝鮮語の入門 （改訂版）

菅野裕臣 著／浜之上 幸, 権容璟 改訂
文字から文法まで網羅した本格的入門書.
A 5 判　302 頁　定価（本体 3000 円＋税）【CD付】

韓国語プラクティス100　増田忠幸 著

100 の練習で, 気持ちをつたえることが自
然にできるようになるためのメソッド.
A 5 判　150 頁　定価（本体 2200 円＋税）【CD 2 枚付】

改訂版　韓国語文法ドリル
◎初級から中級への 1000 題
須賀井義教 著
ハン検 5 〜 3 級の文法事項のおさらい,
弱点強化に. 文法問題を強化した改訂版.
B5 判　176 頁　定価（本体 2000 円＋税）

絵で学ぶ韓国語文法
◎初級のおさらい、中級へのステップアップ
金京子, 河村光雅 著
絵を使った解説でわかりやすい！（2色刷）
A 5 判　269 頁　定価（本体 2300 円＋税）

絵で学ぶ中級韓国語文法
金京子, 河村光雅 著
絵を用いた簡潔な解説と豊富な練習問題
で着実に中級の実力を養成.　（2色刷）
A 5 判　297 頁　定価（本体 2600 円＋税）

絵で学ぶ上級韓国語文法
金京子, 河村光雅 著
上級への足場を固める, 84 の絵を使った
丁寧な文法解説.　　　　　（2色刷）
A 5 判　296 頁　定価（本体 2800 円＋税）

E メールの韓国語
白宣基, 金南听 著
ハングルの入力方法から, 様々な場面にお
ける文例と関連表現まで.
A 5 判　185 頁　定価（本体 1900 円＋税）

韓国語発音クリニック　前田真彦 著
こう発音すればネイティブにも伝わる！
A 5 判　159 頁　定価（本体 2200 円＋税）【CD付】

通訳メソッドできたえる
中級韓国語　　　　　前田真彦 著
コミュニケーションの力を着実にアップ！
音声無料ダウンロード有り.　　【CD付】
A5 判　167 頁　定価（本体 2400 円＋税）

韓国語形容詞強化ハンドブック
今井久美雄 著
韓国語の形容詞のすべてがここに. 音声無
料ダウンロード有り.
四六判　287 頁　定価（本体 2600 円＋税）

韓国語単語練習帳
◎ハン検 5 級 4 級 TOPIK 初級
金京子, 神農朋子 著
楽しく効率的に覚えて, 語彙力アップ！
音声無料ダウンロード有り.
四六判　295 頁　定価（本体 2300 円＋税）

中級韓国語単語練習帳
◎ハン検 3 級準 2 級 TOPIK 中級
金京子, 神農朋子 著
待望の中級編！ 2880 語収録. 音声無料
ダウンロード有り.
四六判　374 頁　定価（本体 2600 円＋税）

韓国語 まる覚えキーフレーズ40
張銀英 著
キーフレーズのまる覚えではじめる会話練
習. 音声無料ダウンロード有り. （2色刷）
四六判 119頁 定価（本体1900円＋税）【CD付】

絵でわかる韓国語のオノマトペ
◎表現が広がる擬声語・擬態語
辛昭静 著
にぎやかな音のニュアンスを楽しく学ぼ
う. 音声無料ダウンロード有り.
四六判　150 頁　定価（本体 2200 円＋税）

重版にあたり, 価格が変更になることがありますので, ご了承ください.